MW01240631

Don Juan de Guruceaga

El pionero de las artes gráficas en Venezuela

Miguel Ángel Itriago Machado

2015

Don Juan de Guruceaga
El pionero de las artes gráficas en Venezuela
Miguel Ángel Itriago Machado
mitriago@gmail.com
Portada: foto del cuadro al óleo pintado en 1971
por el Dr. Pedro L. Itriago P. y el autor

ISBN-13: 978-1511999694
ISBN-10: 1511999691

En memoria de don Juan de Guruceaga y de sus sobrinas María Cristina Larralde Guruceaga de Winckelmann y Alida Mercedes Larralde Guruceaga.

Presentación

En una muy reciente y grata reunión informal, que a finales del mes de marzo de 2015 sostuvimos mi hermano Antonio L. Itriago Machado y yo, con nuestra amiga, María Margarita Terán Austria, viuda del famoso escritor Francisco Herrera Luque, y con nuestro también apreciado amigo Alfredo José Schael Ríos, casualmente salió a relucir don Juan de Guruceaga. Como Antonio y yo conocimos personalmente y muy de cerca a don Juan de Guruceaga, ya que fuimos abogados y amigos suyos durante muchos años, y lo somos todavía de sus familiares, y en particular de sus sobrinos-nietos, los hermanos Winckelmann Larralde, comenzamos a conversar, yo diría más bien "a recordar", algunos aspectos de su fecunda vida.

El tiempo se nos hizo demasiado corto resucitando historias, cuentos y anécdotas; y al final de la reunión mis gentiles amigos, y mi hermano, me recomendaron escribir "unas líneas" sobre el pionero de las artes gráficas en Venezuela, como preparación para un futuro homenaje, que pensaron podría efectuarse en los primeros días del mes de mayo del presente año; fecha que después se dejó abierta, por razones de fuerza mayor.

Hace menos de dos semanas, me animé a acoger esa amable recomendación, y fue entonces cuando empecé a escribir esas "líneas", porque me pareció injusto que cayera "en el saco roto del olvido" la vida de un hombre como don Juan, quien jugó un papel muy importante en la cultura del país; que ayudó a una pléyade de escritores y de artistas que sin él jamás habrían sido conocidos o no habrían podido imprimir sus obras; que hizo posible que en el siglo pasado la literatura venezolana se proyectara nacional e internacionalmente; que creó empresas que fueron laboratorio y universidad de las artes gráficas en Venezuela; que defendió a capa y espada al gremio de los industriales de las artes gráficas; que introdujo en nuestro país los más modernos métodos de impresión, con el fin de masificar la producción de libros y revistas para hacerlos accesibles a todos los venezolanos, en todos los rincones del país y a bajos precios; que creó varias revistas y periódicos, los cuales dirigió y administró rectamente, respetando en todo momento la libertad de pensamiento, la libertad de expresión, la libertad de prensa; y que como si todo eso fuera poco, además fue ejemplo de las más altas virtudes humanas y ciudadanas.

Al principio sentí cierta decepción, pues con la honrosa excepción del libro que en 1987 escribió con cariño y muy fina pluma Alfredo Armas Alfonzo, denominado *"Juan de Guruceaga: La sangre de la Imprenta" (Monte Ávila Editores, Caracas)*, muy poco había sobre la vida de don Juan, quizás porque él siempre fue un hombre sencillo, humilde, que conforme a los patrones

8

éticos de entonces, "no permitía que su mano izquierda supiese lo que hacía la derecha". Por eso, decidí recurrir a mi memoria y a mis archivos.

Tuve el privilegio de pasar muchas horas con don Juan, principalmente en las salas de espera de funcionarios o autoridades de los gobiernos de turno; y en esas largas reuniones y antesalas, él poco a poco, hablando sobre temas diversos, me narró fragmentos de su vida. Empecé a recordarlos uno a uno, a coleccionarlos, a ordenarlos, hasta que adquirieron cierta consistencia o coherencia.

Por otra parte, los esposos Sananes-Winckelmann tuvieron la cortesía de llevar a mi casa un álbum familiar, que aunque en su mayor parte lo que contenía eran recortes de periódicos sobre la sociedad de ciegos, de la cual había sido don Juan gran promotor y colaborador, y sobre algunos homenajes que le hicieron en vida, me sirvió para entresacar "con pinzas" algunas informaciones que adquirieron sentido al ser cotejadas con los retazos de la vida de Guruceaga que atesoraba en mi mente.

Desde luego, la vida de un hombre como él no puede reflejarse íntegramente en una obra de tan pocas páginas como esta.

Sirva esta biografía como expresión de mi afecto y de mi imperecedero agradecimiento a ese gran hombre, magnífico, fuera de serie, que fue don Juan de Guruceaga, y en memoria, también, de sus sobrinas, mis queridas y siempre recordadas amigas, María Cristina Larralde

Guruceaga de Winckelmann y Alida Mercedes Larralde Guruceaga.

Miguel Ángel Itriago Machado
Caracas, 27 de abril de 2015.

Don Juan de Guruceaga
"El pionero de las artes gráficas en Venezuela"

1.- Breve reseña genealógica

Juan de Guruceaga Blanch nació el 25 de marzo de 1894 en Puerto Cabello, estado Carabobo. En Internet encontré unas "fichas" en las cuales se afirma que probablemente había nacido en 1897 o en 1898, y algunas fuentes expresan que nació en Caracas; pero en un testamento, redactado de su puño y letra, y en algunos de sus otros documentos oficiales, figura la antes indicada (25/3/1894) como fecha exacta de su nacimiento, y *Puerto Cabello* como el lugar donde vino al mundo. Recuerdo que en uno de los salones de su entonces residencia, él tenía un cuadro de la calle "Los lanceros" de Puerto Cabello, de tonalidad azul, y que un día, señalándolo, me dijo: *En esa casa, la que está casi debajo del puente, nací yo* (se refería al antiguo puente aéreo que unía una casa con la del frente en esa misma calle). Su sobrina-nieta Ana Cristina Winckelmann de Sananes conserva ese cuadro. Armas Alfonso en su citado libro indica que nació en 1897, en Puerto Cabello, y poéticamente se refiere a los primeros pasos de Juan por la calle Los Lanceros.

Sus padres fueron Manuel Felipe de Guruceaga Yones -probablemente una castellanización del apellido Jones- (1855-1911) y Sofía Blanch Stolk de De Guruceaga (1858-1934). Su padre, Manuel Felipe, tenía tres hermanos: Antonio Julio, Joaquín y Teresa. La madre de Juan, Sofía, era hija de Pedro Blanch Álvarez y de Isabel Stolk Coronel.

Su hermana, María de Guruceaga Blanch (†1963), contrajo matrimonio con el médico Juan Vicente Larralde González (†1933). De ese matrimonio, nacieron sus muy queridas sobrinas María Cristina Larralde Guruceaga (†1990) y Alida Mercedes Larralde Guruceaga, quien falleció después de su hermana, en 2006, sin dejar descendencia.

Su sobrina María Cristina se casó con Eduardo Winckelmann Legórburu y tuvo 4 hijos, a quienes don Juan quiso y trató como nietos: Nelly, Nora Josefina, Ana Cristina y Eduardo.

Fui testigo de la dedicación y el amor con los que María Cristina y todos sus hijos, y las respectivas familias de estos, y su hermana Alida Mercedes, atendieron siempre a don Juan. Incluso el edificio familiar en el cual vivían los sobrinos (el edificio *San Onofre*, construido donde estuvo la casa de su hermana, en la Avenida Andrés Bello) se comunicaba por la parte de atrás con la quinta *La Chata* donde vivió don Juan por muchas décadas, ubicada en la avenida Las Acacias de la urbanización La Florida de Caracas. De esa manera, don Juan recibía continuo y esmerado apoyo familiar, sin perder su independencia. Posteriormente se mudó a la quinta

Miracampo en la calle Mohedano de la urbanización La Castellana.

Don Juan estaba emparentado con Rómulo Gallegos, cuya madre fue Rita Freire Guruceaga; y quizás también estuvo lejanamente emparentado con Arturo Uslar Pietri, pues su tío Antonio Modesto Guruceaga Jones, contrajo matrimonio con Isabel Iturriza Uslar; matrimonio del cual nacieron sus primos, el carismático monseñor Francisco de Guruceaga Iturriza, obispo de La Guaira; el doctor Óscar de Guruceaga Iturriza, famoso abogado, empresario, parlamentario, banquero, criador y agricultor, fundador de la Asociación de Ganaderos de Venezuela, entre otras instituciones, y expresidente de Fedecámaras; y el prestigioso ingeniero Antonio Julio de Guruceaga Iturriza, expresidente del Colegio de Ingenieros de Venezuela, quien tiene un carácter muy similar al de don Juan, bondadoso, apacible y siempre afable.

El 17 diciembre de 1932 don Juan contrajo matrimonio con Gertrudis Gornés-Arévalo, de quien se divorció formalmente después de varias décadas de separación, algunos años antes de su muerte.

2.- Cuándo conocí a don Juan

Lo conocí en el año 1961 cuando yo trabajaba como "bachiller" en el *Escritorio Guruceaga*, dirigido por su mencionado primo Óscar de Guruceaga Iturriza y por los doctores José Guillermo Andueza Acuña y Javier Zambrano Rincones, y atendido también por sus secretarias Aura

13

Mercedes Parra Pérez y Cleodice Josefina Andueza Acuña. Con todos ellos aprendí más Derecho que en la universidad. Me gradué de abogado en 1966, y comencé a ejercer la profesión con mis amigos Miguel Ángel Senior, Carlos Irazábal Arreaza y John Edward Marshall Chase (muy posteriormente ingresarían a nuestro Escritorio otros abogados, entre ellos mi recordado profesor Gert Kummerow Aigster). Años después, mi hermano Antonio y yo constituimos nuestra propia firma de abogados, el *Escritorio Dr. Pedro L. Itriago P.*

En agosto de 1966, Óscar de Guruceaga me pidió que me encargara de los asuntos de don Juan, ya que él estaba muy ocupado con sus negocios y otras actividades, particularmente con las de la Asociación de Ganaderos de Venezuela, y acepté gustoso porque desde mi época de estudiante, desde luego dirigido por los abogados, y por Aura y Cleodice, me había encargado de algunos asuntos de don Juan y de sus sobrinas. Pero mis relaciones con la familia Guruceaga no fueron solo profesionales, ya que me unió una gran amistad con don Juan, con sus sobrinas y con los Winckelmann Larralde, los hijos de María Cristina, quienes siempre me han considerado, y yo a ellos, como un hermano más.

3.- Retrato físico

Don Juan era un hombre de aspecto bonachón, con una gran cabeza que lucía algo des-

14

proporcionada con relación a su cuerpo, en el cual destacaba un abdomen que casi se elevaba hasta la zona media de su pecho. Su amplia frente ascendía casi en línea recta y perpendicularmente se empataba con la también amplia calvicie que coronaba su cabeza, delimitada por cabellos en la parte de atrás y en las sienes. Sus arqueadas cejas se movían a veces a la par que conversaba, lo que confería mayor expresividad a sus palabras. Tenía una corta nariz, que servía de soporte a unos lentes gruesos que aumentaban aún más sus grandes ojos color castaño claro, con los cuales miraba bondadosamente a sus interlocutores, por muy desagradables que estos fueran. Sus mejillas descendían por los lados hasta confundirse con una papada que se extendía y cubría la parte superior del cuello de la camisa; pero que dejaba paso a una barbilla de reducido tamaño, con una boca pequeña y de finos labios, que siempre esbozaban una natural, sincera y amistosa sonrisa, y de vez en cuando una alegre y espontánea carcajada. Recuerdo perfectamente esos detalles, porque aparte de que en incontables ocasiones tuve el honor y el placer de hablar personalmente con él, mi padre, el doctor Pedro Leonidas Itriago Pérez, y yo, en 1971, basándonos en una pequeña fotografía que había aparecido en la revista *Kena*, le pintamos un retrato al óleo que le obsequiamos en uno de sus cumpleaños (ese retrato es el mismo que sirve de portada a esta publicación). En sus últimos lustros don Juan exhibió un cuidado bigote blanco, con puntas ligeramente elevadas.

Pero si algo distinguía a don Juan, además de su trato sencillo, afable, cordial, era su inseparable tabaco. Medía el tiempo por el número de tabacos que encendía. En una oportunidad, mientras hacíamos antesala para que nos atendiera Pedro Miguel Pareles, entonces presidente de la hoy extinta Corporación Venezolana de Fomento (CVF), me dijo: *¡Miguel Ángel, llevamos dos horas sentados aquí: ya me he fumado cuatro tabacos!* y procedió a encender otro en la encerrada sala, donde todos nos veían con disgusto por el humo y el penetrante olor. Cada tabaco criollo le duraba exactamente 30 minutos y siempre llevaba varios de reserva. En ocasiones también fumaba unos habanos, más grandes, que le duraban el doble.

El tamaño de cabeza le hizo ganarse el cariñoso apodo de "el cabezón" y dio origen a algunas jocosas anécdotas, como la reseñada en la revista *Élite* cuando esa revista cumplió 50 años:

Una vez –lo publicó 'El Morrocoy Azul"– Don Juan llegó a la Tipografía Vargas, obra suya y de su entrañable compañero don Gustavo Aguerrevere. / Un gesto adusto le ensombrecía el rostro de ordinario alegre. '¿Qué te ocurre Juan...?' le preguntó el socio extrañado. / '¡Es que tengo un dolor de cabeza insoportable' le respondió sobándose la 'esférica', a lo cual y con rapidez de ingenio, Aguerrevere le soltó: '¿Pero te duele toda, Juan, toda...?' Porque

16

aquella cabeza procera era en verdad grande, inmensa.

4.- Su carácter

El apellido Guruceaga es de origen español (probablemente de la región vasca). Ya en la época de Carlos III figuraban hombres con ese apellido en la lista de caballeros del rey; y varios Guruceaga (Juan, Manuel y Ángel) fueron fusilados en el alzamiento franquista. También su apellido materno, Blanch, tiene evidente cuna nobiliaria. Sin embargo, la mayor nobleza de Juan de Guruceaga no estaba en su sangre sino en su alma. Trataba con el mismo respeto y cordialidad al presidente de la república, al más humilde trabajador de la empresa, a un indigente o a cualquier otra persona, y él mismo realizó trabajos humildes como el de mandadero y se dedicó al oficio de tipógrafo, actividades que nada tenían de aristocráticas. Quienes participábamos en las juntas directivas de *Tipografía Vargas*, sabíamos que las sesiones, por muy importantes que fueran los asuntos que se trataran en ellas, debían suspenderse cuando el vendedor de "quintos" o billetes de lotería entraba "como Pedro por su casa" a la presidencia de la empresa, sin previo aviso. Don Juan se tomaba su tiempo para saludarlo, preguntarle por su familia y escoger el número de su agrado; después sacaba un pequeño monedero de cuero y con una amplia y sincera sonrisa pagaba al hombre y le daba una propina. Ese ritual era conocido y respetado por todos los asistentes, quienes también le comprábamos nuestros "quinticos". Al igual que el vendedor de la lotería, todos y especialmente sus trabajadores, tenían acceso inmediato y directo a don Juan. En los medios circuló una anécdota, relacionada con ese carácter abierto, franco, llano de don Juan: En una ocasión una de sus sobrinas exclamó: -*¡Tío, en la recepción hay una cucaracha!*, a lo que don Juan, respondió, concentrado en la revisión de un libro: -*Dile que pase y que se siente.*

Esa sencillez le dio ese gran título popular nobiliario, el de "don", con el cual los venezolanos respetuosamente honramos a los hombres honestos y de intachable conducta, aunque sean de origen muy humilde y no tengan bienes ni apellidos nobiliarios. En ocasiones ese título se otorga a uno solo de varios hermanos, incluso mayores que el honrado. Desde muy joven, a Juan de Guruceaga empezaron a llamarlo "don" y ese distintivo popular, unido al aristocrático "de" que precedía a su apellido, reflejaban el extraordinario carisma y simpatía de su personalidad, que le permitía ingresar a todos los estratos sociales, penetrar las más cerradas aristocracias criollas, pasar por los más exclusivos círculos del emergente movimiento literario, y llegar y convivir con las más humildes clases sociales; todo al mismo tiempo. Una prueba de ese carisma, fue que sus trabajadores, agrupados en sendos sindicatos rivales, con irreconciliables posturas políticas y laborales, no vacilaron en ponerse a su lado, para de manera conjunta defenderlo solidariamente, cuando don

Juan fue amenazado y atacado por sus acreedores. Cuando yo atendía las llamadas que hacía al Escritorio Guruceaga, y don Juan se identificaba sencillamente como "Juan de Guruceaga", ese nombre me sonaba extraño, porque para mí siempre fue "don Juan de Guruceaga". A pesar de que llegó a crear, dirigir y liderar un complejo industrial y comercial que ningún otro grupo podía superar en el campo de las artes gráficas en Venezuela, don Juan no podía calificarse como un "comerciante" en el sentido estricto de esa palabra, porque carecía por completo del afán de lucro. Simplemente era un emprendedor, un gran emprendedor, un luchador social que disfrutaba trabajando en el campo editorial, desarrollándolo, sembrando ideas, observando cómo sus máquinas cosechaban y reproducían libros, textos y revistas, cada vez en mayor número, para saciar el hambre cultural de los venezolanos; coleccionando sistemas y máquinas novedosas para la impresión; al igual que coleccionaba obras de grandes pintores y escultores venezolanos; pero su principal y más valiosa colección fue la de amigos.

5.- Su confianza en los jóvenes

Siempre confió en los jóvenes, y puedo dar fe de ello, porque me encomendó sus más importantes asuntos cuando yo era un abogado recién graduado. Alicia Briceño, a quien, no obstante la oposición que todos le hicieron a su alrededor, encargó de la dirección de su revista *Kena*, cuando ella apenas contaba 16 años de edad, después de expresar que *tenía la imagen de un hombre grato, de un hombre dulce, de un ser muy cálido*, destacó esta faceta de don Juan, muy adelantada a su tiempo, la de confiar en los jóvenes, con estas muy hermosas y poéticas palabras:

Tuvo confianza en una niña, y eso muestra el ejecutivo que era. Yo no tenía experiencia alguna, pero él me dio su confianza y salimos adelante... Yo era una niña que estaba aprendiendo a comenzar y él era un niño que estaba aprendiendo a envejecer. (Palabras de Alicia Briceño, citadas por Armas Alfonzo).

La misma opinión sobre la confianza del editor en las nuevas generaciones la tuvo el mismo Armas Alfonzo, quien manifestó:

Yo llegué de veinticuatro años o menos, de veintidós, ante el escritorio de don Juan, un poco empujado de la mano de Guillermo Meneses, y digo que mi familiaridad con el periodismo, a través de "Élite", es deuda que no le pagaré nunca, que mi vinculación con la literatura es bien que le debo también a él. Hay por medio un libro –Los cielos de la muerte-, con portada de Carlos Cruz Diez, y cuyo costo -creo recordar– nunca jamás aboné a la Tipografía Vargas, porque nunca intenta-

ron su cobro, porque esa factura se guardó en la carpeta correspondiente y no se volvió a resolver, porque el dueño del negocio no tenía ningún interés en plantear el asunto. Que lo diga Mauricio Cattán, a quien le consta. A mi reclamo, una vez, el propio don Juan se limitó a preguntarme si era que me había sacado la lotería y me sobraban los reales.

Los jóvenes intelectuales venezolanos encontraron en don Juan un mecenas que no solo los recibió, sino que tomó la iniciativa de buscarlos, apoyarlos, orientarlos y financiarlos, y que puso a su servicio el más competente equipo humano y una formidable maquinaria de edición y de impresión, quizás la más grande que en el siglo XX se haya visto en el país; y no conforme con eso, los promovía a través de sus diarios y revistas.

Así lo reconoció Arturo Uslar Pietri cuando en una entrevista que le hizo Rafael Arráiz Luca, afirmó:

Vivía en Caracas en la misma casa-pensión en que vivía don Juan. En esa época nos reuníamos mucho en la Tipografía Vargas, la imprenta, precisamente de Guruceaga. El cabezón, como se le decía, era un alma de Dios, un excelente amigo y nos sirvió a todos de apoyo, de ayuda. Yo, que fui uno de los primeros que escribió un li-

bro, lo logré en parte porque mi papá me ayudó y en parte por las facilidades que Guruceaga me dio. ("Ajuste de Cuentas", Ed. CEC, C.A., Caracas, 2007).

El 18 de enero de 2010, su sobrina Nora Winckelmann Larralde, en una carta en la cual propuso crear la Fundación Juan de Guruceaga, expresó muy bien esos valores de su tío-abuelo: *"Él representó, y deberían seguir siendo vigentes, los valores que lo caracterizaron: generosidad, espíritu solidario y creencia en la transmisión de ideas de libertad a través de la imprenta. La transmisión de estos valores se hace vital en los momentos actuales, y en la medida en que podamos contribuir en algo, no deberíamos dejar de poner nuestro granito de arena. Tío Juan lo hubiera hecho..."*

Muchos de los libros que han marcado historia en la cultura de nuestro país, incluso *Doña Bárbara* (la cual se imprimió primeramente en *Tipografía Vargas* con el nombre de *La Coronela*, pero a la que después Gallegos cambió el nombre e hizo otras modificaciones, y terminó siendo reimpresa en España), jamás habrían salido a la luz pública de no haber contado con el apoyo técnico, financiero y humano de don Juan. Esos grandes autores de la época que hoy exhibe nuestro país con legítimo orgullo, habrían sido devorados por el anonimato, si don Juan, utilizando sus revistas y periódicos, y su personal apoyo, no los hubiese promovido como lo hizo.

El Nacional destacó la importancia que don Juan tuvo para el desarrollo cultural del país:

> *Guruceaga ha hecho mucho por Venezuela como patrón de la industria de las artes gráficas. Ni siquiera nos podemos limitar a la continuada modernización de sus equipos, a la utilización de maquinarias cada vez mejores, a la organización de un personal eficaz, adecuado a los tiempos y las exigencias de su empresa. Hay algo en Guruceaga que lo convierte en responsable de mucho de la literatura venezolana. Cientos de volúmenes de escritores jóvenes, maduros y viejos han salido de la ya vieja Tipografía Vargas. Si en los últimos años las ediciones de revistas y periódicos han ocupado gran parte de la actividad empresarial de Guruceaga, no es menos cierto que continúa haciendo libros, que ha estado unido muy recientemente a la respetable obra del Banco del Libro y que a lo largo de más de treinta años ha servido con generosa decisión a la impresión de las obras de escritores venezolanos. / No sería tonto recordar la lista de obras "por publicar" en la Tipografía Vargas desde el año 1930, por lo menos. Y algunos de esos títulos de las solapas pasaron al plomo de los linotipos, entraron a las prensas. Todos los de Rómulo Gallegos*

tienen una edición de Vargas, "Barra-
bás", "Canícula", "Giros de mi hélice",
"Balumba", "La voz de los cuatro vien-
tos", "Respuesta a las piedras", son
unos cuantos de los libros iniciales, a
los cuales Guruceaga dio sitio en la literatura venezolana. / Muy pocos ha-
brá que tengan de qué quejarse como
escritores, frente al impresor Juan de
Guruceaga. Las deudas deben ser
cuantiosas. Y olvidadas. Guruceaga ha
ido echando hacia adelante, sin que al
parecer le pese su generosidad..."
(G.M., El Balcón del Silencio, Caracas,
martes 10 de noviembre de 1964).

Los noveles y los consagrados escritores le
presentaban los bocetos de sus libros para conocer sus opiniones, observaciones y sugeren-
cias; y don Juan siempre tenía para ellos un comentario oportuno, interesante, respetuoso y a
veces jocoso, que ellos solían acoger.

Armas Alfonzo, recordó que Guillermo Meneses, quien conoció tan de cerca a don Juan, el
22 de febrero de 1964 opinó en un foro del diario El Nacional:

Es difícil que un escritor cualquiera no
haya encontrado en Juan de Guruceaga apoyo, amistad, generoso espíritu
solidario. Y así también miles de pro-
yectos de literatura ligados con el periodismo en la Tipografía Vargas han

24

podido hacerse realidad porque Juan de Guruceaga estaba allí, al frente, y porque Juan de Guruceaga supo ser generoso, así tuviera que hacer malabarismos inverosímiles con los cálculos. Y porque Juan de Guruceaga sabía que la empresa relacionada con la imprenta es un mundo prodigioso en el cual entra Venezuela entera en lo que tiene de más valioso: su relación con los valores permanentes del hombre.

También ayudó a grandes pintores venezolanos, como Armando Reverón, Manuel Cabré, Marcos Castillo, Juan Vicente Fabbiani, José Canelones, Pedro Ángel González, Rafael Ramón González, y a escultores como Francisco Narváez, entre otros. Su casa era un museo, con paredes llenas desde el piso hasta el techo, de cuadros de los más famosos pintores venezolanos. Los artistas invitaban a su amigo a las exposiciones, y lo esperaban ansiosos, no solo porque era un hombre que entendía de arte, animaba cualquier reunión y atraía gran número de visitantes, sino también porque sabían que les compraría sus cuadros y comentaría sus obras en las revistas y diarios que dirigía.

Recuerdo que en su casa tenía varios cuadros de Armando Reverón, entre ellos dos óleos: uno de los cuales cambió a su primo Óscar por dos cuadros de Cabré; y una "chinita" morena, con un inusual color rojo en su blusa. Tenía también dos "carboncillos": el famoso autorretrato de Reverón, el cual sus sobrinas, luego de la muerte de don Juan cedieron a la Asociación de Ciegos de Venezuela, para que lo subastara en beneficio de esa institución que don Juan promovió y tanto amó; y otro gran carboncillo que representaba a una odalisca o muñeca de Reverón. En una de nuestras conversaciones me contó que el pintor de Macuto lo visitaba frecuentemente para pedirle que le regalara cartones y papeles para pintar.

El día que lo conocí, cuando fui a su casa a llevarle un documento que le enviaba el doctor Óscar de Guruceaga, don Juan, viendo que me gustaba el arte, tuvo la gentileza de enseñarme su extraordinaria colección y me explicó con su lenguaje sencillo, pero experto, quién había pintado cada cuadro; así como sus características; y cuándo y cómo había adquirido cada obra. En 1969 me regaló uno de esos cuadros, denominado "De espaldas a la vida", de José Canelones, con una nota de agradecimiento. La historia de ese cuadro posteriormente la narré en uno de mis libros ("Historia de dos cuadros", impreso por CreateSpace de Amazon en 2015). Después de la muerte de don Juan, sus sobrinas me obsequiaron otros cuadros que formaron parte de su colección, entre ellos, un Rafael Ramón González y un Stefanini, y un Marcos Castillo, que nos regalaron a mi esposa Mónica y a mí, el día de nuestra boda.

6.- Sus primeros años en Puerto Cabello

Desde muy pequeño, cuando apenas había terminado el 6° grado de educación primaria en el Colegio Católico Alemán y aún vestía pantalones cortos, Juan de Guruceaga empezó a trabajar como "mandadero" de la *Casa Boulton*, en Puerto Cabello, con un sueldo mensual de treinta bolívares. Él explicaba que sus padres sostenían que "la ociosidad era la madre de todos los vicios" y que por ello estimaron conveniente que desde niño él se habituara al trabajo y aprendiera un "oficio útil que le permitiera desenvolverse en la vida", por si acaso algún día se veía obligado a interrumpir sus estudios y no llegaba a graduarse.

Calculo que para la fecha de su primer trabajo Juan tendría unos 12 o 13 años, porque entonces los padres solían esperar a que el niño cumpliera 7 años para inscribirlo en el colegio (la educación preescolar la recibía en casa). Aunque era un trabajo muy humilde, sus primeros años de mandadero sirvieron a Juan para aprender a relacionarse con los clientes de esa conocida firma comercial, en su mayoría comerciantes, hijos de los vecinos o amigos de sus padres, ya que Puerto Cabello, por su cercanía a Valencia, era entonces, y es todavía, un importante centro mercantil.

Imagino que ese trabajo lo obtuvo a tan temprana edad en parte gracias al hecho de que sus familiares habían entrado en contacto con importantes comerciantes y agentes aduanales, ya que eran propietarios de varios inmuebles cerca de la zona portuaria que arrendaban a comerciantes de la región, y que estos utilizaban como depósitos para las mercancías que entraban y salían del país; propiedades que sus familiares conservaron hasta los años 70 más o menos, porque yo mismo intervine en la revisión de algunos de esos documentos de venta.

La responsabilidad y seriedad del adolescente Juan, su sencillez, y su espíritu afable y despierto, y el hecho de provenir de tan distinguidas familias, le granjearon el aprecio de sus superiores, quienes al año lo ascendieron a "contabilista de mercancías".

En 1911, cuando Juan contaba apenas 17 años, murió su padre, Manuel Felipe Guruceaga Yones, a los 56 años de edad. Pero el joven continuó trabajando para la firma Boulton en Puerto Cabello hasta el año 1919, cuando fue transferido a la capital. La madre de Juan, Sofía Blanch de De Guruceaga, moriría años más tarde, en 1934, cuando él tenía 40 años. Siempre demostró gran amor a sus padres y en sus oficinas tenía los retratos de ambos.

7.- La Caracas que encuentra el joven

De modo que cuando Juan llegó a Caracas ya era mayor de edad: tendría unos 25 años, más de 4 de los que entonces se requería para la mayoridad. Vino solo, muy recomendado por su madre al doctor Leopoldo Aguerrevere. Continuó trabajando para la firma *Boulton*, pero en su sede de la esquina *El Chorro* en Caracas, y en los Almacenes de La Guaira, y sin dejar de lado las responsabilidades de su trabajo, de manera autodidacta siguió desarrollando su cultura y extendiendo sus conocimientos.

Con motivo de su trabajo en la *Casa Boulton* entró en contacto con Alfredo Boulton Pietri (1908-1995), profundo estudioso del arte venezolano y coleccionista de obras de arte, quien lo animó a formar su propia colección de pinturas. Esa amistad perdurará durante toda su vida.

En 1919 el país estaba bajo la férrea dictadura del general Juan Vicente Gómez y la sociedad civil empezaba a despertarse de un largo letargo: surgió la primera huelga en el Ferrocarril Caracas-La Guaira, y aunque no era exactamente contra el Gobierno, sino contra la concesionaria, enseñó al pueblo que sí tenía poder, pues obligó a Gómez a intervenir para que la empresa aumentara los salarios a sus trabajadores. Esa huelga después se repetiría en Valencia.

Ese año sucedieron dos hechos que conmovieron la ciudad: la muerte de José Gregorio Hernández, en un accidente de tránsito en La Pastora; y el incendio del *Teatro Caracas*, entonces ubicado en la esquina de Veroes.

También en 1919 se inauguró el *Nuevo Circo de Caracas*, que aunque tenía exclusivamente fines taurinos, no obstante ser propiedad y estar regentado por muy próximos familiares de Gómez, facilitó el encuentro y contacto de los ciudadanos.

La activa vida social de Caracas, muy distinta de la de su ciudad natal, cautivó a Juan; y su carácter franco, su espontánea y alegre carcajada, su periodismo, y sus conocimientos del arte y de la literatura, le abrieron también las puertas de la entonces cerrada sociedad caraqueña.

Poco tiempo después de su llegada, Juan, en busca de mejores condiciones, se retira de la *Casa Boulton* y empieza a trabajar en la *Quincalla y Ferretería de Eduardo y Antonio Santana y Sucesores*, localizada de Sociedad a Gradillas, mejor conocida como *Casa Santana*. Supongo que en esa decisión, tuvieron algo que ver las relaciones que existían entre los Guruceaga, los Aguerrevere y los Santana, pues muy poco tiempo después Juan se asoció con Gustavo Aguerrevere Santana. Este trabajo pudo haber sido a tiempo convencional o parcial, ya que por esa misma época empezó a trabajar como tipógrafo, en sociedad de hecho con su amigo Gustavo Aguerrevere.

8.- Hace guardias médicas en el Hospital Vargas

Además de sus trabajos en la *Casa Boulton* y en la *Casa Santana*, el joven desempeñó algunos oficios ocasionales, que le permitieron "redondearse" unos ingresos adicionales. Uno de esos oficios, muy relacionado con el deseo de sus padres (y de él) de que se graduara de médico (en su familia hubo médicos famosos, como su tío Juan Ricardo Blanch Stolk y su cuñado Juan Vicente Larralde González), fueron sus "guardias médicas" en el Hospital José María Vargas. Don Juan me contó que algunos médicos y estudiantes le encomendaban cubrir sus guardias nocturnas, mientras ellos se iban de parranda; y que por cada noche de guardia, entre todos le pagaban un "fuerte", reluciente, brillante, pues esa moneda de plata se había emitido y puesto a circular en el mismo año de su llegada a Caracas. Si se presentaba una emergencia, él corría hasta el bar donde se encontraban los médicos y estudiantes y les avisaba; pero en algunas ocasiones se vio obligado a atender personalmente algunos casos, porque no había podido sacar a sus "colegas" del lugar donde se encontraban.

Le pregunté si había conocido al doctor José Gregorio Hernández y me dijo que lo había visto, pero que no había tenido oportunidad de tratar con él, pues murió en el mismo año de su llegada; que José Gregorio nunca formó parte de ese grupo parrandero; que los colegas de José Gregorio se burlaban de él por la forma como vestía, que era considerada ridícula para la época; y que con el tiempo había comprendido que esa extraña manera de vestir era una forma que el santo tenía de humillarse, de sacrificarse.

En una entrevista que la revista *Kena* le hizo en los años 70, don Juan contó las siguientes anécdotas sobre sus guardias en el Hospital Vargas:

–Una noche –nos dice– me encontraba completamente solo cuando se presentó una señora cuya próxima maternidad no daba treguas ni admitía mucha espera. En medio de mi angustia comprendí la gravedad de la situación y mi dramática responsabilidad. Afortunadamente pude traer al doctor Leopoldo Aguerrevere, quien se hizo cargo del

caso y nació felizmente un Juan Leopoldo que me hizo comprender que la Medicina no era –ni entonces ni ahora– cosa de juego; ni siquiera en aquellos tiempos cuando la Medicina no estaba tan adelantada.

–¿....?

–¿Otra anécdota de aquellas? Bueno, una vez presencié la autopsia de un fumador y me impresionó muchísimo el color de sus pulmones: parecían las paredes de una chimenea. Con los años olvidé esta experiencia, que no alcanzó a evitar que yo dejara de fumar.

–¿Por qué no continuó los estudios de Medicina?

–Yo adquirí rápidamente compromisos profesionales y familiares que me desviaron de mi vocación, y por aquellos tiempos no había las facilidades que hay ahora para estudiar. De manera que esto representa mi mayor frustración. Me hubiera gustado ser médico, sentir la vida que se mueve bajo mis manos y mis cuidados, ver la vida que crece y se ensancha.

Don Juan no pudo continuar sus estudios. Sin embargo, debe tenerse en cuenta que entonces la mayoría del pueblo venezolano era analfabeta, y que en la provincia o interior de la República era difícil encontrar centros donde proseguir los estudios. Todavía en los años 50 los bachilleres recibían el trato social que hoy se otorga a los doctores, y algunos, al firmar, señalaban con orgullo que eran "bachilleres", anteponiendo "Br." a sus firmas.

9.- Sus comienzos como tipógrafo

Con sus ahorros de varios años de trabajo en la *Casa Boulton* y en la *Casa Santana*, y con el producto de la venta de los derechos sobre una casa que había heredado de su padre, Juan adquiere en ese mismo año de 1919, por doce mil bolívares, de los coherederos de su amigo Gustavo Aguerrevere, los derechos que a aquellos correspondían sobre una modesta impresora con la que el padre de Gustavo, el doctor Tomás Aguerrevere Pacanins había impreso, entre otras obras, la Gaceta *Vargas*.

Armas Alfonzo nos cuenta cómo nació ese negocio:

> *Seis años después de abandonado el puerto de la casa paterna, funda a Élite. Esta surge como resultado de una asociación comercial entre don Juan y Gustavo Aguerrevere, su íntimo amigo de juventud. Guruceaga visitaba la casa de los Aguerrevere y después descubrió en el corral "una imprentica" Beckop de un cuarto de pliego en que el doctor Tomás Aguerrevere Pacanins, el conocido obstetra y cabeza de aquella familia, "sacaba" la llamada "Gaceta Médica Vargas", tenida como órgano*

del Hospital Vargas y en la que colaboraban muchos médicos que eran también poetas, Aguerrevere Pacanins entre ellos, y fallecido en 1913. Don Juan propuso al amigo adquirir la parte del otro heredero, el doctor Leopoldo Aguerrevere, del mismo nombre de "El Viejo", como le decían, y convenida la compra en doce mil bolívares, y concertada la asociación en 1919 los nuevos dueños trasladan los equipos de Madrices a San Jacinto. De capital financiero apenas disponían de veinticinco mil bolívares, por supuesto, carecían de un linotipo y del fotograbado. Las primeras publicaciones se las hicieron a los padres dominicos, unas revistas, "El Amigo de los Niños" y "El Mensajero Venezolano", cuyas páginas se armaron a mano, a tipo suelto.

El fondo de comercio funcionó inicialmente bajo la denominación de "Lib. y Tip. Vargas" sin personalidad jurídica, pues la empresa solo se constituyó como compañía anónima, con personalidad jurídica propia y con la denominación de *Tipografía Vargas, S.A.*, el 12 de diciembre de 1944 cuando fue inscrita en el Registro de Comercio que llevaba el entonces Juzgado de Primera Instancia en lo Mercantil del Distrito Federal, bajo el Nro. 2.745.

Para esa fecha de la constitución formal de la Tipografía Vargas, S.A. ya Guruceaga y Aguerrevere habían disuelto y liquidado la sociedad de hecho que existió entre ellos; liquidación que presumo fue amigable, dadas las buenas relaciones que existían y existen entre las dos familias. Es posible que la causa de esa disolución haya sido el espíritu idealista, romántico y poco comercial de don Juan, quien había asumido la dirección total de la empresa. Pero aun con ese desinteresado espíritu, Juan de Guruceaga había convertido a Tipografía Vargas en un gigantesco complejo industrial y editorial, sin precedentes en la historia del país.

En un artículo publicado el 23 de octubre de 1964 en *El Universal*, Luis Rey ubicó los comienzos de la Tipografía "por los lados de Las Madrices", información que coincide con lo antes expresado por Armas Alfonso.

Guruceaga y Aguerrevere posteriormente mudaron la imprenta a una casa "situada de Pajaritos a La Palma, 22, Teléfono 6.200, Apartado Nº. 9", como se desprende del catálogo mediante el cual Aguerrevere y Guruceaga publicitaron su negocio.

De la lectura de los fragmentos de ese catálogo, deduzco que la sociedad inicial no solo prestaba servicios de impresión, sino que gracias a los conocimientos sobre importación de bienes adquiridos por Guruceaga en la Casa Boulton, fueron mucho más allá y quisieron transformar su sociedad en una importadora y comercializadora de productos para su venta a quienes ya estaban dedicados o en el futuro podían dedicarse a las artes gráficas. En efecto, ese catálogo no estaba dirigido al público en general, sino a los que ellos generosamente calificaban como "industriales de las artes gráficas". Era obvio que "el cabezón" había empezado a pensar en grande. Después pensaría todavía más en grande, y se haría él mismo un verdadero industrial de las artes gráficas, el pionero, el primero, el más grande industrial de las artes gráficas en la Venezuela del siglo XX. Y, como si fuera poco, a la par se dedicaría a la edición, a imprimir no solo para terceros, sino también sus propias revistas y periódicos. En efecto, en ese catálogo los socios expresaban:

> *Nuestro Catálogo ilumina al Industrial Tipógrafo por la manera en que se combinan los Tipos y Orlas en una forma tal que se hace agradable a la vista de cualquier cliente por más exigente que sea y con la ventaja que tiene siempre a mano Tipos y Orlas de última novedad a los precios más bajos de la plaza y del exterior. / El éxito del Industrial de las Artes Gráficas, depende de saber seleccionar sus tipos y orlas de buena presentación y que hayan sido fabricados con excelente calidad obteniendo material para largo tiempo. / Para obtener estas y otras ventajas, haga sus pedidos de tipos y orlas y demás materiales tipográficos, tales como interlíneas, lingotes y rayas a la nueva Fundición de la Lit. y Tip. Vargas, situada de Pajaritos a La Palma, 22 – Teléf: 6.200 – Apartado N° 9 – Caracas.*

De la lectura de ese mismo catálogo, se desprende que la empresa ya había comprado los linotipos, de allí que utilizaran la expresión "Nueva Fundición", ya que como es sabido el linotipo era la "impresión en caliente".

También ese catálogo señala que la empresa se había mudado de su dirección originaria (Madrices a San Jacinto, 1) para establecerse en el número 22, entre las esquinas de Pajaritos y La Palma.

Esa nueva dirección (Pajaritos a La Palma) fue también confirmada por unas declaraciones de Karmele Leizaola, publicadas el domingo 12 de septiembre de 2010, en el blog Diseño Gráfico. Karmele fue hija de uno de los primeros gerentes de *Tipografía Vargas* y había trabajado con don Juan en la revista *Élite*, en la cual siguió prestando sus servicios en esa revista, después que pasó a Publicaciones Capriles en 1955. En esa entrevista, además de describir el entorno, destacó que *Tipografía Vargas* fue la primera en utilizar huecograbado en Venezuela.

Poco después tuvieron que mudar la empresa, que estaba creciendo rápidamente, a otro inmueble, ubicado de Principal a Santa Capilla, Nro. 6, frente a la Librería Científica, que funcionaba junto con la editorial Victoria del doctor Julio Manrique:

El lugar constaba de un local "espaciosísimo" donde había estado el Garaje Sapene. A la prensa de origen que luego serviría para imprimir el diario "Ahora", y posteriormente fue llevada a

37

Valencia, ahora se agregaba una máquina Hesperia comprada en Estados Unidos y un equipo de fotograbado negociado en Europa el año antes. Don Juan mismo, con esa habilidad manual de él, realizó las primeras pruebas de clisés y entrenó el personal para manejar la novedosa instalación. Habría que decir que nuestro hombre había viajado a París en 1924, a estudiar fotograbado. (Armas Alfonso, Alfredo, Op. Cit., Págs. 16 y ss)

El extraordinario desarrollo de la empresa, obligaría después a Guruceaga a mudarla nuevamente, a unos inmuebles que fueron de su hermana, y que la Inmobiliaria Vargas arrendó a la Tipografía, que por ello le pagaba, cuando y como podía, cánones irrisorios. Esos inmuebles llegaron a tener dos frentes, uno hacia la Avenida *Universidad*, entre las esquinas de *Monroy* y *Misericordia*; y otro, hacia la *Avenida Este-2*, entre *Miguelacho* y *Tracabordo*.

El comienzo no fue nada fácil, pues como dice el refrán, "nadie nace aprendido". Lucas Manzano, en un artículo de prensa en honor a don Juan, publicado el domingo 8 de noviembre de 1963 en el diario *El Universal*, nos da una idea del escuálido inventario de maquinarias con que inicialmente contaba la imprenta de Aguerrevere y Guruceaga y nos esboza los problemas que los dos aprendices de tipógrafos debieron enfrentar y superar en sus comienzos:

Viejo amigo como somos desde que él, sin conocimiento alguno de las complicadas labores de los profesionales de la materia, llegó en su asocio cordial con Gustavo Aguerrevere, a la Tipografía Vargas. Para aquella época de muy caros recuerdos para mí, que tenía sobre mis hombros la dirección de mi revista literaria 'Billiken', fue acogedora la empresa de la llave Aguerrevere y Guruceaga, pues interesado yo en cambiar la casa en que aquel momento editaba mi semanario, encontré en ellos las puertas abiertas y condiciones excelentes para trabajar. Mas, como en toda cosa criolla ocupa la anécdota lugar preferente, evoco una que no podrá olvidar Juan de Guruceaga, ahora que aquella tipografía que escasamente tenía una prensa de pliego, una de cuarto mayor y una guillotina que cortaba bajo palabra de honor; y, eso sí, la recta voluntad de los socios para seguir adelante. Ocurrió que un sábado que olvidar no puedo, estaban siete de los ocho pliegos de los que constaba 'Billiken' en espera del último que había de entrar en su prensa para que la encuadernación terminase el trabajo y pudiese 'Billiken' entrar en circulación y el prensista no concurrió a su puesto de mando. / ¡Qué hacer en este caso? Se interrogaban los socios, mientras en mí crecía la angustia, seguro como es-

taba de que el fracaso en la venta no se haría esperar. / Fue entonces cuando Guruceaga tomó el puesto del prensista, mientras Aguerrevere se encargaba de controlar el tintero. El trabajo que el profesional hubiera hecho en una hora, duró toda aquella interminable noche y la pérdida de varios centenares de hojas de papel que expulsaban los rodillos hechos una calamidad. / Lo que en los dueños del negocio y el cliente hubiera ocasionado una catástrofe, se convirtió en una tomadera de pelo, porque la buena voluntad de los improvisados tipógrafos y el buen humor del dueño de la revista privaron ante todo y no hubo la menor dificultad.

Muchos años más tarde, el 9 de diciembre de 1963, en el diario *El Universal*, Guillermo José Schael, comentando los 45 años de *Tipografía Vargas* expresó:

> *Ninguna actividad en efecto parecía más riesgosa que la emprendida por Guruceaga en la segunda década del siglo, cuando no existía casi interés por los libros. Gracias a su perseverancia logró Guruceaga, superar aquellas y otras muchas dificultades, y aunque imprimió sin afanes especulativos las obras de los poetas y literatos de aquel tiempo, vio con satisfacción por otra*

parte, la recompensa simbolizada en una industria en proceso de creciente desarrollo, la cual con el devenir de los años habría de arraigar y crecer hasta lograr los más señalados progresos de la técnica y un nombre de prestigio entre las firmas importantes de Caracas. Pero además de la legítima satisfacción personal que le ha causado sortear con éxito las vicisitudes, Guruceaga confesaba con santo regocijo que dentro de lo espiritual –lo que cuenta mucho en su vida- tenía el inmenso privilegio de haber visto nacer entre sus manos "tintas en tinta" las mejoras obras de la poesía y de la literatura venezolana. Mencionó entre otras, a "Doña Bárbara" de Rómulo Gallegos -1925-, la producción de Andrés Eloy Blanco, comenzando por la "Aeroplana Clueca", así como la mayoría de cuantos cuentos escribiera el siempre recordado Jobo Pimentel y los de Ángel Corao, Casto Fulgencio López, Luis Enrique Mármol, Ángel Miguel Queremel y muchos otros. Fue en efecto Guruceaga padrino de las obras realizadas en su juventud por quienes más tarde habían de ser figuras destacadas de las letras venezolanas.

Los novatos impresores recibieron pronto encargos no solo para trabajos menores, como los de papelería, tarjetería, almanaques, carteles y similares, sino también para la impresión de libros de cierta magnitud y sobre variados temas. Así por ejemplo, poco después de mudarse a su nueva dirección y de obtener la buena pro en una licitación, imprimieron un volumen de la entonces Corte Federal y de Casación, labor de la que salieron airosos los noveles impresores; en 1925 imprimieron "La Torre de Timón" de José Antonio Ramos Sucre; en 1926, "El gaucho y el llanero" de José E. Machado; en 1927, "La Locura del otro" de Luis Enrique Mármol y "Derecho Internacional en la antigüedad" de Celestino Ferrara; en 1928, "Cigarras del Trópico" de Sergio Medina, "Mariscal Juan Crisóstomo Falcón" de Julio Diez y "Las Sandalias del Peregrino" de Víctor Hugo Escala; y en 1929, "Geografía de Venezuela y geografía física universal" de Juan Jones Parra, "Mosaico" de Vicente Hugo Escala, "Historia de la fundación de la ciudad de Trujillo" y "Genealogía de don Cristóbal Mendoza", ambos de Mario Briceño Iragorry, "El hombre de allá lejos" de José Nucete-Sardi y "En torno a la ciencia..." de José Carbonell.

10.- *Tipografía Vargas*, la universidad de las artes gráficas en Venezuela

Era normal que Juan entrara en contacto con los jóvenes de Caracas, algunos de los cuales 9 años después desafiarían abiertamente al régimen, como en el famoso desfile de carnaval en el cual eligieron reina a Beatriz Peña; desfile de donde surgirían los líderes estudiantiles Jóvito Villalba, Rómulo Betancourt, Andrés Eloy

Blanco, Juan Oropeza, Raúl Leoni, Humberto Tejera, Gustavo Machado, José Pío Tamayo, Edmundo Fernández y Juan Bautista Fuenmayor, entre otros conocidos integrantes de la llamada "generación del 28". Esa lista de estudiantes incluía dos grandes amigos de Juan que posteriormente llegarían a ser presidentes de la República (Betancourt y Leoni), al igual que su también amigo, Rómulo Gallegos. La severidad de la represión gomecista incrementó el espíritu libertario y democrático de Juan de Guruceaga, quien desde entonces, en las trincheras de sus libros, revistas y demás publicaciones luchó en defensa de la libertad de prensa, de la democracia y de los derechos humanos en Venezuela.

Curiosamente, en el curso de nuestras conversaciones sobre las dictaduras de Gómez y de Pérez Jiménez, al preguntarle yo si alguno de ellos lo había amenazó con prisión, me dijo:

¡No lo vas creer, pero la única amenaza de cierre, la recibí en 1945 de Arturo Uslar Pietri, cuando él era Ministro de Relaciones Interiores de Medina!

Durante sus años de trabajo, don Juan había ahorrado parte de sus sueldos y acumulado un reducido capital que le sirvió para comprar una pequeña máquina de tipografía, con la cual decidió montar, conjuntamente con Gustavo Aguerrevere, su propio negocio tipográfico; y hasta hizo un viaje a Europa para aprender fotograbado.

Su elevado espíritu de superación le hace comprender que en lugar de limitarse a imprimir lo editado por otro, él puede abrir su propio camino en la actividad editorial y funda una serie de revistas y diarios, cada uno de los cuales hizo historia en Venezuela y entre los cuales cabe citar: En el año 23 funda la revista infantil "Kakadú", la primera de su género en nuestro país, ilustrada por Rafael Rivero Oramas; luego, en 1925, con Gustavo Aguerrevere, la revista "Élite", de la cual trato más adelante; en 1927, con Agustín Aveledo Urbaneja, el vespertino "Mundial"; en 1932, edita dos libros al mes sobre literatura venezolana; en 1935, funda el diario "Ahora"; en 1940 crea otra revista infantil, "Juan Bimba"; y en 1942, junto a Hermann "Chiquitín" Ettedgui y el reportero gráfico Juan Avilán, funda "Mundo Deportivo", el primer periódico deportivo del país, que marcó un histórico hito en la promoción del deporte nacional. Ese periódico a duras penas se mantuvo hasta octubre de 1947, cuando Ettedgui se dedicó principalmente al hipismo, con su revista *La Fusta.*

En todas esas publicaciones se nota un espíritu pedagógico, un profundo y sincero deseo de formar a los venezolanos desde niños (además de sus propias revistas infantiles, "Kakadú" y "Juan Bimba", imprime esa extraordinaria revista que fue "Tricolor", creada y dirigida por su amigo Rafael Rivero Oramas). A la par que reseñaba la vida mundana de Caracas, y los eventos más importantes, incentivaba el deporte y, lo más trascendente, preparaba a los venezolanos para el futuro que veía venir, infundiéndo-

44

les y desarrollándoles los principios democráticos que afloraron a partir de la protesta estudiantil de 1928.

Después del cierre, por problemas económicos, de su primera revista infantil, *Kakadú*, el humorista Leoncio Martínez ("Leo") escribió: *El que se acuesta con niños amanece Kakadú.* Incursionó también, sin mayor éxito, en otros campos: en 1936, fundó "Aceites Maracay", y en 1938, creó una fábrica de alimentos concentrados para animales.

11.- Su admiración por el doctor José María Vargas

La vida de don Juan tuvo una extraña vinculación con el doctor José María Vargas (1786-1854).

Quizás su deseo de ser médico y el hecho de haber trabajado ocasionalmente en el Hospital Vargas, infundieron en Juan de Guruceaga una gran admiración por el doctor José María Vargas, médico y expresidente de Venezuela, símbolo de la oposición al militarismo, recordado por el famoso diálogo que este, siendo presidente, el 8 de julio de 1836 sostuvo en su casa con Pedro Carujo, quien seguía órdenes del general Santiago Mariño, líder de la Revolución de la Reforma:

> —*Doctor, el mundo es de los valientes.—¡Se equivoca usted, Carujo: el mundo es del hombre justo!*

Lamentablemente todavía en pleno siglo XXI en Venezuela abundan los Carujo.

Precisamente, cuando don Juan empieza a trabajar en la *Casa Santana*, esta funcionaba en la misma casona, construida por José Félix Ribas, tío del Libertador, donde se produjo ese histórico diálogo y que sirvió de residencia al presidente Vargas. En 1927, algunos años después que Juan se asociara con Gustavo Aguerrevere, esa casona fue destruida por un terrible incendio en el cual murieron varias personas, de mayores proporciones que el incendio que había afectado al *Teatro Caracas* en 1919, cuando Juan estaba recién llegado a esta ciudad.

Otra vinculación de don Juan con José María Vargas fue que, como antes señalé, su primera imprenta, la máquina con la que inició su carrera en las artes gráficas, fue la misma con la cual el doctor Tomás Aguerrevere Pacanins había impreso la *Gaceta Médica Vargas*, órgano divulgativo del Hospital Vargas. Es probable que esa imprenta, de donde habían salido los ejemplares de la mencionada publicación, hubiese dado origen al nombre de *Tipografía Vargas*.

Sin embargo, la directa relación del nombre de la *Tipografía Vargas* y de otras empresas de Juan de Guruceaga con el presidente Vargas, queda demostrada de forma inequívoca por el hecho de que el logotipo de la empresa, que don Juan usaba en su papelería, era un retrato de Vargas. Todavía conservo algunos documentos con ese logotipo.

Ese nombre, pues, fue elegido por Juan de Guruceaga en honor al prócer Vargas, porque simbolizaba (y simboliza todavía) la lucha contra el militarismo, la lucha contra ese poder absoluto que había presenciado durante la dictadura de Gómez. Fue su manera de proclamar públicamente que era un demócrata, que sus empresas no estaban al servicio de dictaduras y que todos quienes lucharan por la democracia en Venezuela, encontrarían solidaridad, apoyo y cobijo en su grupo, como en efecto encontraron. Eso fue una verdadera audacia en una época en la que todos los libros debían comenzar con una dedicatoria "al benemérito general Juan Vicente Gómez".

Si el *Hospital Vargas* es con toda justicia considerado como una escuela de medicina con rango universitario, su homónima, *Tipografía Vargas*, puede ser también en justicia considerada como "la universidad de las artes gráficas en Venezuela", una universidad donde sus alumnos (quienes luego serían destacados profesores) no solo aprendieron las técnicas de las artes gráficas, sino también los principios democráticos que iniciarían el desarrollo del país.

Gracias a don Juan y a sus empresas, y particularmente a la *Tipografía Vargas*, a su revista *Élite* y al diario *Ahora*, muchos intelectuales y políticos venezolanos encontraron tribunas para expresar con *absoluta libertad* sus pensamientos, cuando en otras empresas imperaba un régimen de censura.

Con el mismo objetivo de abrir puertas a la libertad de expresión de los venezolanos, el editor abrió camino al humorismo político en el país, dando cabida en sus empresas a las obras de los grandes humoristas.

En la década de los 60 el Grupo de Guruceaga se había convertido en la más importante fuente de empleos del sector y abarcaba no solo la impresión (a través de *Tipografía Vargas, S.A.*), sino también la edición (*Editorial Vargas, S.A.*), la prensa (*Vargas Prensa Ediciones, C.A.*) y la distribución y circulación de toda clase de publicaciones (*Distribuidora Vargas Prensa, S.A*). Aparte de las relaciones horizontales que estableció con otras empresas.

12.- La Tipografía Vargas, en todo su esplendor

Cuando conocí a don Juan, me pregunté cómo un hombre tan sencillo había sido capaz de concebir y crear, en esa época, un grupo industrial tan grande y complicado como el que creó. Pero esa sencillez y su trato siempre amable, cordial, bonachón, fueron precisamente los que convirtieron a don Juan en "El pionero de las artes gráficas en Venezuela", como todos hoy lo reconocen.

Después comprendí también que Guruceaga, más que industrial, era un gran emprendedor, que no lo movía en forma alguna el deseo de lucro, de obtener utilidades con sus empresas, sino un genuino amor por las artes gráficas, su deseo de llegar cada vez más lejos en ese campo donde se hermanaban el arte y la técnica, y de aprender todos los secretos de la impresión, de conocer y tratar personalmente con los autores, beber directamente de las propias fuentes sus opiniones e informaciones, y tener el placer, como él decía, de "recibir en sus tintas manos, llenas de tinta" las recién nacidas obras. Hizo realidad su sueño de ser partero; pero de libros.

Me consta que don Juan participaba activamente en esas conversaciones y discusiones, pues varias veces estuve presente en ellas; aunque en el ocaso de su vida su sentido de audición fue parcialmente afectado, lo que lo obligaba en ocasiones a responder las preguntas que se le hacían de lejos, y que no había captado del todo, con un nada comprometedor "¡Lógico!", el cual podía ser una afirmación o una negación, acompañado de una bocanada de humo de su tabaco.

Con toda razón decía don Juan que llevaba "tinta de imprenta en su sangre" y hasta firmaba todos sus documentos con una estilográfica *Parker* que cuando trabajaba le servía de "pisacorbata", cargada con tinta morada de imprenta, la misma que antes se usaba en las almohadillas de los sellos.

Recuerdo particularmente que el secretario de un juzgado de primera instancia en lo mercantil me rechazó un documento que don Juan había firmado en mi presencia, alegando que esa firma no era original, sino que había sido estampada con un sello húmedo. Para probar su alegato, el secretario sobrepuso el folio a otro que estaba en el mismo expediente y me mostró que ambas firmas calzaban exactamente. Tuve que llevar a don Juan para que firmara personalmente el documento ante el secretario. Cuando terminó de estampar su firma en color morado, pedí al secretario que repitiera la prueba. Se quedó sorprendido al constatar que las tres firmas eran idénticas. Desde entonces no me objetó ninguno de los documentos firmados por don Juan, y cada vez que le llevaba uno, llamaba a los escribientes para que vieran que sus firmas siempre eran idénticas.

No hubo sistema de impresión que no se utilizase en *Tipografía Vargas*: tipografía, litografía, linotipia, grabado, fotograbado, huecograbado o rotograbado, offset, entre otros, y en todos sentó cátedra.

Aclarando que solo fui abogado y amigo de don Juan, y que, por tanto, no fui trabajador de la empresa; ni fui ni soy experto en las artes gráficas; a riesgo de incurrir en errores me permito describir a continuación la Tipografía Vargas que conocí en los años 60:

Tipografía Vargas era entonces un complejo industrial edificado sobre un terreno de más de 3.500 m^2 de superficie, en pleno centro de la ciudad de Caracas, en La Candelaria, con dos frentes, uno que daba a la avenida Universidad, entre las esquinas de *Monroy* y *Misericordia*, Parroquia La Candelaria de esta ciudad, cerca del Parque Carabobo, detrás del edificio de la entonces PTJ; y otro que daba a la Avenida Este-2, entre las esquinas de *Miguelacho* y *Tracabordo*, donde existía un para entonces moderno edificio de cuatro plantas, en el cual se encontraban la presidencia, la sala de conferencia, la biblioteca, la gerencia general y algunas dependencias administrativas. Ese inmueble no era propiedad de *Tipografía Vargas*, sino de su arrendadora, *Inmobiliaria Vargas*, una empresa cuyas accionistas eran las sobrinas de don Juan.

Apenas uno ingresaba a Tipografía Vargas por la entrada de más antigua construcción, es decir, por el viejo "edificio sur" de 2 pisos, que daba a la cuadra de *Monroy* a *Misericordia*, donde hoy hay una entrada a la estación *Parque Carabobo* del Metro de Caracas, encontraba una sencilla recepción, atendida por un invidente que manejaba con increíble destreza la central telefónica manual del Grupo, que tenía un enredo de cables que él debía colocar en un tablero lleno de numerosos huecos, cada uno de los cuales correspondía a una extensión telefónica. Don Juan fue un gran promotor y fundador de la Sociedad Venezolana de Ciegos y fueron muchos los ciegos que trabajaron en sus instalaciones, y más todavía los que individualmente recibieron personal y silenciosamente su ayuda económica.

En la planta alta de ese edificio sur había unas oficinas sencillas que eran las que don Juan utilizaba con mayor frecuencia, y que tenía una pequeña antesala con pesados muebles de cuero que fueron escenario de la más selecta reunión de literatos venezolanos de la época, entre ellos, y para citar solo algunos conocidos: Antonio Ramos Sucre, Rafael Rivero Oramas, Lucas Manzano, Mariano Picón Salas, Luis Barrios Cruz, Rafael Pocaterra, Rómulo Gallegos, Andrés Eloy Blanco, Vicente Gerbasi, Enrique Planchart, Jacinto Fombona Pachano, Julio Garmendia, Alejo Carpentier, Guillermo Meneses,

Lucila Palacios, Carlos Eduardo Frías, Alfredo Armas Alfonzo, Antonio Arráiz, Juan Liscano. Don Juan, que era un gran coleccionista de arte venezolano, había decorado esa salita con el pequeño pero magnífico cuadro de Reverón, que representaba a una chinita zuliana, morena, con una blusa roja. En esa planta alta funcionaban también las oficinas de la Administración, donde el señor Eduardo Winckelmann Legórburu luchaba por actualizar los libros, registros y documentos de la compañía; y luego por el licenciado Héctor Barrios Díaz, quien al igual que el señor Winckelmann realizó una extraordinaria labor para atender los requerimientos de la violenta expansión del grupo; labor administrativa que posteriormente fue frustrada por otros administradores y por un gerente.

Entre esos dos edificios, el norte y el sur, conectados en su parte superior por un zigzagueante pasillo casi aéreo, estaban los inmensos galpones, muy viejos, de construcción mucho menos acabada, por no decir desordenada, en parte delimitada por coloniales muros, y techos rústicos. A la derecha de esta parte inicial estaba la gigantesca rotativa *Harris*, que tuvo el honor de imprimir esa magnífica revista que fue *Tricolor*; rotativa tan grande, que en una oportunidad celebramos con torta y todo, sobre el segundo piso de esa máquina, un cumpleaños de don Juan, donde además de él estuvimos María Cristina y Alida Mercedes (sus sobrinas), don Pedro Sotillo, el doctor Juan Ricardo Blanch, el licenciado Héctor Barrios Díaz y varios familiares y amigos más.

Detrás de la *Harris*, que casi ocupaba los primeros 50 m de esos galpones, estaban colocadas las dos imponentes *Albertinas*, sobre sus respectivas estructuras de concreto armado, un poco más pequeñas que la *Harris*, pero que eran las máquinas de impresión más modernas y rápidas que existían en Venezuela. La que más se usaba era la del fondo, pues la otra, tengo entendido que se había usado para imprimir la revista *Momento*, de Ramírez McGrégor y la familia Rangel, pero la sociedad entre Guruceaga y ellos terminó de manera no satisfactoria para la Tipografía; por lo que la *Albertina* que más se utilizó fue la nueva. En la planta baja de cada *Albertina*, se encontraban los tableros electrónicos con las cuales se operaban, los barriles de tintas que prácticamente se chupaban (*un punto en la guía telefónica representa un tintero*, me dijo don Juan en una oportunidad) y las grandes bobinas de papel que la máquina hacía pasar por una rendija en la estructura. Técnicos alemanes vinieron a Venezuela a instalar esas máquinas, pero quien solucionó el problema del cableado y suministro de la energía eléctrica de la del fondo, fue un entonces joven ingeniero, Santiago Enrique Aguerrevere Ruiz, casado con una sobrina-nieta de don Juan, Nelly Winckelmann Larralde. Con el tiempo, los técnicos criollos hicieron adaptaciones mecánicas a una *Albertina* que mejoraron su capacidad de producción. Esas tres máquinas, conjuntamente con las impresoras de *offset* y las de linotipo, litografía, tipografía, y las máquinas dobladoras y cortadoras, entre otras, aseguraban a *Tipografía Vargas* una descomunal capacidad de impresión que se decía era de 2.000.000 de pliegos por día, suficiente para competir en cantidad, calidad y precio con las más grandes empresas del ramo en Latinoamérica. En el mismo "edificio sur", cerca de la *Harris*, se encontraba la parte donde estaban todavía en plena actividad los linotipos, que habían sustituido a las viejas y obsoletas máquinas de tipos móviles, que se extraían de cajas llenas de letras individuales de diferentes estilos y tamaños, que obligaban a un "cajista" a ordenarlos manualmente para construir las palabras, líneas y textos, para luego colocarlos en las prensas que trasladarían los textos al papel. Unas 10 negras y humeantes máquinas de linotipo fundían en plomo cada línea de los textos que imprimían, las cuales eran recogidas en galeras que se colocaban en las impresoras para transferir cada página directamente al papel. Esas máquinas, aunque entonces también eran obsoletas, siempre estaban trabajando y eran más rápidas que las de tipografía, pues bastaba al operador escribir la línea completa en un teclado, para activar un complejo mecanismo o sistema de engranajes, palancas y rieles que producía un bloque metálico con el texto invertido en relieve, listo para ser entintado y para traspasar el texto al papel. Para hacer el bloque había que rellenar los moldes con plomo derretido, a unos 300°C; razón por la cual se decía que el linotipo era *el método de escribir en caliente*. Don Juan tenía especial cariño por esa sección, y cuando no estaba en funciones administrativas, con frecuencia bajaba desde sus oficinas para conversar y compartir con sus amigos trabajadores y controlar la calidad de los trabajos. Entonces el humo de su sempiterno tabaco criollo se mezclaba con los contaminantes vapores que producían esas máquinas cuando derretían las barras de plomo que colgaban en cadenas sobre cada una. Cuando iba a buscarlo, yo lo localizaba siguiendo el rastro del olor a tabaco. Recuerdo cuando él estrenó una novedosa máquina *Friden*, muy avanzada para la época, y se quedó sorprendido al ver que esa pequeña máquina podía imprimir textos directamente sobre el papel, con similar o superior calidad que los linotipos. Don Juan siempre estuvo en la vanguardia de la tecnología de impresión y adquiría para sus empresas las mejores y más modernas máquinas.

En la parte central del inmueble (es decir en los viejos galpones que estaban entre ambos edificios), subiendo y bajando escaleras, y pasando por varios pasillos y recovecos, se llegaba a un cuarto donde estaban dos grandes máquinas fotográficas industriales, que se desplazaban sobre rieles para acercarlas o alejarlas de un marco donde colocaban las imágenes a fotografiar. Don Juan conocía a fondo ese arte, porque había estudiado fotograbado en Francia. Utilizando filtros de diversos colores se hacían las selecciones y descomposiciones de colores y se obtenían después de reveladas las fotos, una transparencia para cada color. La impresión se realizaba en varias etapas, en cada una de las cuales se colocaba un color, hasta lograr la policromía. Estuve presente cuando él dirigió la descomposición de color de un famoso cuadro al óleo de Simón Bolívar, y recuerdo cómo don Juan revisaba cuidadosamente las pruebas y rechazó varias hasta que en su opinión los colores reprodujeron exactamente los del cuadro al óleo. Cerca de esa sala de fotografía, que también tenía sus cuartos de revelado, existía un taller donde los grandes y pesados rodillos de las rotativas, eran limpiados, torneados y preparados para ser reutilizados. Después de que quedaban totalmente lisos y limpios, esos cilindros eran colocados con sistema de montacargas y polipastos en unos tanques donde por electrólisis se les aplicaba una nueva y muy delgada capa de cobre. De los negros y sucios tanques, los grandes rodillos salían bruñidos, relucientes como si fueran de oro puro, y pasaban al departamento donde se les aplicaban las transparencias o selecciones de color que se habían elaborado en el departamento de fotograbado. Un color para cada rodillo. Se sumergían de nuevo, en otros tanques, de ácido que erosionaban las partes no cubiertas por las transparencias y dejaban solo las que se iban a imprimir, quedando en el rodillo la imagen en negativo. El piso siempre húmedo, grasiento y resbaloso de ese departamento y la circulación de las carretas y montacargas, los gritos y advertencias de los trabajadores, reflejaban en ese ambiente la gran actividad que requería ese servicio de apoyo a las grandes rotativas. Don Juan seguía atento todo el proceso.

Esos cilindros, ya grabados, eran entonces llevados en montacargas hasta donde estaba cada rotativa y se colocaban en las respectivas secciones de esta, ordenados según los colores que cada uno imprimiría. Se cargaban los tanques de tinta con el color de cada sección de la rotativa; se colocaba la bobina de papel, y la de repuesto, en sus correspondientes soportes; el papel se pasaba al piso superior a través de una rendija en la estructura de concreto. Los técnicos encendían la máquina, que arrancaba primero muy lentamente, con un zumbido, y luego, verificadas y aprobadas las primeras pruebas de calidad por don Juan y otros empleados, adquiría una velocidad sorprendente, hasta el punto que el ojo humano a veces no podía captar lo que la *Albertina* estaba haciendo. Recuerdo que cuando una bobina de papel se agotaba, la máquina automáticamente, sin suspender la impresión, en cuestión de segundos tomaba el papel de la bobina de repuesto.

En la parte central de las edificaciones, en lo que llamábamos el patio, se encontraban varias máquinas alzadoras de pliegos, automáticas, con sus respectivos compresores para el sistema de succión, copiadoras de contacto al vacío, cortadoras, dobladoras, engrapadoras y encuadernadoras; y más al extremo izquierdo, estaban dos máquinas de *offset* fabricadas, según se decía, en la República Democrática Alemana; así como los armarios para las planchas, que se grababan con un procedimiento parecido al del fotograbado utilizado para los rodillos de las rotativas. El principio de funcionamiento del *offset* era similar al de la litografía, o impreso sobre piedra, aunque para entonces la piedra había sido sustituida por planchas de metal u otro material, que se mojaban con una solución polar para que repeliera la tinta en las "zonas de no imagen", e imprimieran solo en las "zonas de imagen", con la forma del motivo a imprimir previamente grabado en la plancha, sea por métodos manuales o por fotograbado. La diferencia del *offset* con la litografía tradicional era que la imagen o el texto se trasferían a la superficie a imprimir no de forma directa, sino a través un cilindro cubierto en su superficie por un material flexible o mantilla, generalmente de caucho o silicona, aunque también podía ser de aluminio; plancha que recibía la imagen para transferirla, por presión, a la superficie impresa, generalmente papel.

Uno de los departamentos más importantes de *Tipografía Vargas*, y que le dio más prestigio, fue el de "montaje": una amplia sala con varias mesas, donde las transparencias de fotos y de textos seleccionados por los técnicos eran cortadas y colocadas sobre los iluminados vidrios traslúcidos de esas mesas, para estudiar su diagramado, presentación, colores y demás detalles, antes de someterlos a la aprobación de don Juan y de quienes habían ordenado la impresión. Quienes trabajaban allí eran verdaderos artistas (Carlos Cruz Diez, por ejemplo fue uno de los diagramadores) y tenían que estar en permanente contacto con don Juan y con las secciones de fotografía, grabado y rotograbado de la empresa. Para esa época esa sala era como un gran *Photoshop*, solo que las "capas" se cortaban, pegaban y modificaban en físico, no de manera virtual. Ese departamento era invaluable para la edición e impresión de revistas tales como *Tricolor*, *Élite*, *Kena*, *Momento* y *Bohemia* que salían de *Tipografía Vargas* y eran distribuidas masivamente; y para el diagramado de los interiores y de las portadas de algunos libros, no solo de literatura, pues allí se diseñaban y preparaban para la impresión "memorias" de ministerios, textos de educación, gacetas deportivas, guías telefónicas de CANTV, gacetas, catálogos, etc. Ese departamento contaba también con una sección de archivo, porque muchas de las imágenes podían reutilizarse para otros libros, revistas o artículos. Algunos técnicos solían coleccionar y exhibir los desnudos femeninos de las revistas o almanaques que preparaban y cuando una dama ingresaba a la sala, don Juan les ordenaba quitarlas o taparlas.

El "edificio norte", constaba de varios pisos y un portón para la entrada y salida de camiones que traían del depósito de Santa Rosa las grandes bobinas de papel importado para las rotativas. Unos metros más adentro, había un surtidor de gasolina, para el servicio de los vehículos del grupo y que fue siempre la preocupación de las sobrinas de don Juan, dado el hecho de que en la Tipografía se almacenaban grandes cantidades de papel. Lo primero que ellas hicieron, años después, cuando la Corporación Venezolana de Fomento les devolvió el inmueble, fue eliminar ese surtidor.

13.- La revista *Élite*

Don Juan y su entonces socio Gustavo Aguerrevere, pronto empezaron a trabajar para ellos mismos, y de tipógrafos pasaron a editores: fundaron, entre otras, la revista *Élite*. En la edición especial del quincuagésimo aniversario de esa revista, José Félix Rivero escribió en ella:

> *En 1925, obedeciendo un reto planteado por el medio, Guruceaga fundó esta revista. No fue un nacimiento producto de su carisma de negociante, sino la resultante de una preocupación espiritual. Caracas, gran aldea para aquella época, se resentía por la falta de un vehículo dedicado a esparcir cultura. Añorante de los tiempos estelares de "El Cojo Ilustrado". La ciudad capital deseaba poseer un órgano de difusión y comunicación capaz de proyectar sus inquietudes en el campo de la creatividad educativa y cultural. / Así nació ÉLITE hace cincuenta años. Y desde su primer número resultó el gran aglutinante que unificó en grande y diversificado grupo a todos aquellos que rompían lanzas en el campo abierto de la inteligencia. De inmediato poetas como Juan España, Andrés Eloy Blanco, Rufino Blanco Fombona, Jorge Schmidke, Jacinto Fombona Pachano, Arreaza*

Calatrava, José Ramón Yépez, per-
tenecientes a la generación del 19;
escritores y cuentistas, como Rómu-
lo Gallegos, Mariano Picón Salas,
Manuel Díaz Rodríguez, Ramón Díaz
Sánchez, Julián Padrón, Arturo Uslar
Pietri, para no nombrar sino algu-
nos; humoristas como Job Pim; cro-
nistas como Raúl Carrasquel y Val-
verde; líderes de vanguardias -
campeones por los años 20 de nue-
vas corrientes futuristas- como Pa-
blo Rojas Guardia, Pascual Venegas,
Luis Barrios Cruz, Israel Peña Arrea-
za, Rojas Jiménez, y otros hicieron
de la Revista y de su local, escenario
propicio para sus peñas y reuniones
donde se hablaba, discutía y comen-
taba lo último en literatura, pintura
y música. ÉLITE nació para agluti-
nar, reunir y compactar a hombres
de letras y de pincel.

De la época de don Juan en la revista Élite
existe una anécdota relacionada con su amigo
Ramón Hurtado y que deja entrever el ambiente
alegre que se vivía entonces y que con palabras
del mismo Rivero narro a continuación:

Una vez, Ramón Hurtado, famoso por
su estilo azorinesco y su apetito nota-
blemente desarrollado, fue sorprendido
en falta distrayendo un jamón en el
famoso botiquín de Las Gradillas. El

escritor, ya con el condumio en la mano, salió del negocio con cierto apresuramiento. A poco se tropezaba con Guruceaga, quien al verlo tan bien provisto, le interrogó admirativamente:
–Pero Hurtado... ¿Qué es eso?
–"Hurtado", no, don Juan; "robado", le respondió el poeta y narrador con sonrisa pícara.

Pero no solo se destacó *Élite* por su invalorable contenido, sino también por su forma, su bella, artística y llamativa presentación, ya que, como expresó el mismo Rivero en su indicado artículo, "incorporó antes que cualquier otra publicación, las entonces más depuradas técnicas del grabado y la reproducción fotográfica a base la utilización equilibrada de sus colores. Ya en su primera portada (1925), resultó un alarde de impresión nítida. Dibujos y afiches que recogían aspectos sugestivos de Caracas, así como imágenes de nuestras hermosas mujeres, solían llamar poderosamente la atención del lector. La tricromía —último grito de las Artes Gráficas—, convertía al magazine en una auténtica exposición plástica, dentro de lo cual se mezclaban armoniosamente lo meramente informativo con el toque mágico de la creación estética.

Luis Rey, en su antes citado comentario, publicado el viernes 23 de octubre de 1964 en *El Universal*, señaló:

La aparición de la revista "Élite" cabalgada como un potro bizarro por Raúl

Carrasquel y Valverde, inició la inva-
sión de la Tipografía por los literatos,
unos viejos, otros medianos, y la ma-
yoría de las nuevas hornadas. Viejos,
medianos y jóvenes andaban en busca
de editor, y con larga y generosa facili-
dad lo encontraron, no siempre para
alivio o conforte de la empresa. Se
puede decir que de cada diez libros ca-
lificados, no menos de seis salían de
los talleres de La Vargas.

Guruceaga siempre lamentó "haber perdido"
en 1955 su revista *Élite*. No recuerdo haberle oído decir o afirmar que la hubiese "vendido".

Sin embargo, en una entrevista que le hizo
el diario *La República*, publicada en su edición
del 23 de octubre de 1964, el entrevistador ha-
bló de la venta *a Publicaciones Capriles; y don
Juan* aclaró que no había obedecido a presiones
políticas, sino a la gran competencia que entonces le estaban haciendo las poderosas revistas
extranjeras.

Cuando le pregunté si realmente la había
vendido y si Capriles le había pagado íntegramente el precio de la venta, no pudo respon-
derme.

*-Han pasado muchos años de eso, quise ol-
vidar esa etapa de mi vida.*

Pero en otra ocasión espontáneamente me
dijo que había llegado un día a su oficina, se
quitó el sombrero y el paltó; los colocó en la
perchera; y que cuando iba a sentarse en su escritorio; su secretaria le dijo:

-Don Juan, ¿sabe lo que pasó ayer?

-No, respondió él.

-Pues anoche vino el señor Capriles y nos dijo que ya usted nada tenía que hacer en la revista, que el nuevo dueño era él y que no lo dejara entrar más.

-¿Y que hizo usted, don Juan?

-Bueno, cogí mi paltó y mi sombrero y me fui. Se comentaba en la Tipografía que nada habría podido hacer Guruceaga para recuperar su revista, porque supuestamente estaban de por medio unas acciones "al portador" que había tomado el nuevo dueño. Pero eso no me consta, ni nadie pudo confirmarlo.

Guruceaga afirmó después que haber dejado perder la revista *Élite* había sido otro error suyo: *Ahora me hace falta esa revista y es difícil hacer otra similar, porque ya el mercado está cubierto por ella. Por eso pensé en Kena, dirigida a un sector distinto.*

14.- El diario *Ahora*

En enero de 1937, poco después de la muerte de Gómez, aprovechando el nuevo ambiente de libertad que se respiraba, don Juan fundó el periódico *Ahora*, nombre que fue escogido por Fernando Paz Castillo, probablemente para expresar que ese periódico nacía en un ambiente político y social muy distinto al que prevaleció durante la dictadura gomecista, y que había llegado el momento de la democracia, de la libertad.

Pero don Juan se equivocó: lo que no hizo la dictadura de Gómez, obligarlo a cerrar su negocio por mantener una actitud crítica frente a algunos funcionarios públicos, lo hizo el gobierno de Medina, a pesar de que Arturo Uslar Pietri, uno de sus ministros, nada menos que de Relaciones Interiores, había formado parte del *staff* del diario *Ahora* y era amigo y hasta pariente de don Juan. Se comentaba que la causa de las presiones gubernamentales fue que don Juan, con su política de libertad absoluta de pensamiento para sus periodistas y colaboradores, había permitido la publicación en *Ahora* de unos artículos escritos desde el exterior y bajo un seudónimo por Rómulo Betancourt.

En la citada entrevista que le hizo el diario *La República*, publicada en su edición del 23 de octubre de 1964, se expresaba:

> *"Ahora" apareció poco después de la muerte del general Gómez, con un impresionante "staff" de reporteros -aún no superado por ningún otro diario, según don Juan- que le imprimían "un sabroso y muy venezolano estilo crítico a las informaciones". Entre los redactores de "Ahora" figuraban don Ramón Díaz Sánchez, Arturo Uslar Pietri, Luis Esteban Rey, Antonio Arráiz, Fernando Paz Castillo, Luis Álvarez Marcano y otros.*
> *"Ahora" desapareció en 1942, por presión política. La fina sátira de sus redactores contra funcionarios del régi-*

men del general Medina, no fue tolera-
da por estos, que presionaron a don
Juan para que cerrara el diario.
Recuerda don Juan de Guruceaga una
columna de Luis Esteban Rey, "Clavos
calientes", en la cual se criticaba "todo
lo que andaba mal", a veces inclemen-
temente, pero siempre con justicia.
También recuerda las caricaturas de
"Medo" y los editoriales de Luis Barrios
Cruz, que contribuyeron a crear con-
ciencia democrática en Venezuela.
-Lo que más gusta al público caraque-
ño es la crítica y lo que más disgusta
es el halago exagerado, asegura don
Juan.

Esa sería la primera y única vez que don
Juan, mal asesorado por algunos "amigos" que
tenían intereses en ese gobierno, cedería a las
presiones de un régimen. Siempre se arrepintió
de haberles hecho caso; y desde entonces sus
publicaciones lucharon con mayor intensidad
contra los abusos y excesos de los funcionarios
públicos.

**15.- Quiso llevar, y llevó, la cultura a todos
los venezolanos**

Aunque había fundado una revista llamada
"Élite", nada de "elitista" o de clasista tenía ese
hombre llano y sencillo. Todo lo contrario, Guruceaga, quien jamás se consideró a sí mismo un

intelectual, criticaba el distanciamiento de los intelectuales de entonces con el resto del país:

En el foro del diario *El Nacional*, en su edición de 22 de febrero de 1964, declaró:

> *Podría señalarse que más necesario es aumentar las posibilidades culturales del pueblo para hacerlo participar de las obras de sus escritores "magistrales" o no. Tal vez sería necesario pensar en un método educativo que continuara la tarea alfabetizar. No simplemente leer, poder leer, sino afinar y adelantar continuamente la facultad que hace de la lectura una posibilidad de comprender de veras.*

En septiembre de 1996 declaraba:

> *Yo diría que la gran mayoría de los libros producidos en Venezuela son la expresión de círculos muy reducidos, con escaso interés general, ya se trate de historia, de economía o literatura. Parece que hubiera una gran distinción entre las preocupaciones del intelectual que escribe, y las del hombre venezolano, las del pueblo venezolano. Comprendo que el escritor es un individuo de élite, pero no tiene porqué dirigirse siempre a la élite. Quizá por eso se tiene el prurito de editar muy bien y no de editar muy barato. (Septiembre de 1996).*

Solo un 10% de los libros y textos escolares es producido en el país; el 90% restante es importado, y el costo de impresión de esos libros importados en Venezuela, sería equivalente a una cuarta parte de su precio de venta, decía don Juan. Había que producir libros y textos escolares masivamente para hacerlos accesibles a todo el pueblo venezolano, clamaba Guruceaga. Entendía que para llevar la cultura a todos los estratos y rincones del país se requería no solo intelectuales que escribieran para todo el pueblo venezolano, sino también una producción masiva de libros con precios accesibles a todos los habitantes; y eso no podía lograrse con los viejos métodos tipográficos de impresión.

Cuando empezó a ampliar la capacidad de producción de su empresa, sus amigos humoristas bromeaban diciendo que *"el cabezón" pensaba en grande, porque tenía la cabeza grande.* Y tenían razón, porque don Juan no solo estaba pensando en producir para el país, sino para toda América Latina, para competir incluso, con los grandes colosos editoriales de Argentina y México.

16.- Don Juan ¿periodista?

El 23 de octubre de 1964 el Consejo de Profesores de la Escuela de Periodismo de la Universidad Católica Andrés Bello, le otorgó la Placa de honor al Mérito, distinción que antes de él solo habían recibido dos ilustres venezolanos (J.M. Núñez Ponte y monseñor Jesús María Pellín).

Con su característica humildad y sinceridad, don Juan había manifestado a los periodistas que le llevaron la notificación, que él no podía aceptar esa placa, porque no era periodista; pero el Consejo de Profesores insistió en dársela, porque la misma se la otorgaba como reconocimiento a su extraordinaria labor en los periódicos y revistas que dirigió, por su ejemplar respeto a las opiniones y expresiones de los periodistas que formaron parte de esas publicaciones; por su defensa a la libertad de prensa.

Al final, don Juan aceptó la placa, pero en sus palabras, dejó muy claro que no la recibía para él, sino como representante y alentador de tantos periodistas y escritores de los tiempos heroicos que pasaron por *Élite, Ahora* y *Kakadú*:

Cuando recibí la notificación del Consejo de Profesores de la Escuela de Periodismo de la Universidad Católica, mi primera impresión fue, en cierto modo, de perplejidad. Se me iba a hacer entrega de una Placa de Honor al Mérito en Periodismo, y, la verdad, tengo que confesar sinceramente, que yo jamás escribí artículos, ni reportajes, siendo mis funciones de dirección y no propiamente de periodista activo. / A la sensación de perplejidad, no tengo por qué ocultarlo, siguió de inmediato otra de profunda satisfacción y agradecimiento para el Consejo de Profesores que me otorgaba la placa. Me honró que se hubiera acordado de mí en el momento de elegir un candidato. Eso significaba que los esfuerzos de toda una vida en pro de nuestra industria gráfica no caían en el saco roto del olvido./ En estos momentos en que la función primera de la prensa, función que llena una misión pública primordial, es a diario desvirtuada por tantos sistemas materialistas, y por tantos intereses turbios, ajenos al bien común, es consolador el ver que ustedes echan una mirada a lo que podríamos llamar (y que ustedes llaman) las generaciones del ayer, a la hora del otorgamiento de este premio. Como representante y alentador de tantos periodistas y escritores de los tiempos heroicos que pasaron por Élite, Ahora y Kakadú, es que acepto este premio

17.- Don Juan gremialista

Otra faceta interesante de don Juan, fue su sostenida defensa del gremio de la industria gráfica en Venezuela, defensa que fue mucho más allá de todo interés económico.

En 1936 se desempeñó como presidente de la Cámara de Industriales de las Artes Gráficas, de la cual fue nombrado presidente vitalicio en 1965.

La unión del gremio de los industriales era difícil, porque muchos eran competidores entre sí, pero él promovió el encuentro y fue factor de la creación en 1944 de la Asociación de Industriales de las Artes Gráficas; y ese apoyo fue importante, porque *Tipografía Vargas* era entonces la empresa más grande del ramo en el país.

Estaba convencido que la unión y fortaleza de todo el gremio eran necesarias para apoyar la educación y la cultura del país, para defender la identidad venezolana y los valores democráticos, que estaban siendo bombardeados por numerosas publicaciones extranjeras.

Criticaba que el 90% de los textos escolares fuesen importados, cuando podían producirse en Venezuela por casi una cuarta parte del precio que los venezolanos pagaban por ellos.

Combatió públicamente la tendencia de los gobiernos de comprar sus propias impresoras para producir en ellas sus libros, revistas y trabajos, porque esa práctica debilitaba a la industria de las artes gráficas y esta era vital para el país; y que con algunas excepciones, como la Gaceta Oficial, no había justificación alguna para privar a la industria nacional de la oportunidad de imprimir las publicaciones oficiales.

Señalaba que la industria de las artes gráficas era una importante fuente de trabajo, que era una "buena empleadora", y que ahorraba dinero al Estado, porque podía imprimir a más bajos costos y con mayor profesionalismo.

18.- La revista *Bohemia Libre* arrastra a *Tipografía Vargas*

La revista *Bohemia* había sido fundada el 10 de mayo de 1908 por Miguel Ángel Quevedo Pérez, en la Habana, Cuba, con la finalidad de competir con la revista *Fígaro*. En 1926, su hijo Miguel Ángel Quevedo y de La Lastra, asumió la dirección de la revista, que estaba al borde del fracaso, pues para ese entonces tenía un tiraje de tan solo 4.000 ejemplares, insuficiente para cubrir sus gastos, y logró recuperar su situación económica, convirtiéndola en unas de las más grandes y mejores revistas de Latinoamérica. Quevedo simpatizaba con el movimiento armado que estaba dirigiendo Fidel Castro en su país contra la dictadura de Fulgencio Batista, y utilizó su revista *Bohemia* para allanar a los revolucionarios el camino al poder. Fue famoso el *Manifiesto de la Sierra*, publicado por Bohemia en su edición del 26 de julio de 1958, poco antes de la caída de Batista (1/1/1959). Pero inmediatamente después del triunfo de "la revolución", Quevedo, quien era un hombre de democráticos principios y ferviente anticomunista, empezó a distanciarse del nuevo régimen absolutista. Castro que se había beneficiado del gran poder publicitario de *Bohemia* para derribar la dictadura de Batista, se dio cuenta del peligro que la prensa representaba para la nueva dictadura que él pretendía imponer, e impuso, en Cuba, y comenzó a maniobrar para apoderarse de la revista. Convencido Quevedo de que Castro le confiscaría *Bohemia* y hasta podría fusilarlo, decidió marcharse de Cuba. El 17 de julio de 1960 se despidió formalmente de su equipo de colaboradores y se marchó a los Estados Unidos de América, donde en octubre de 1960, supuestamente con el apoyo económico del gobierno estadounidense empezó a publicar, en Nueva

York, una versión americana de la revista, que denominó *Bohemia Libre*; revista esta que circulaba paralelamente a la edición cubana, dirigida por el periodista Mariano de La Osa, a quien Castro había logrado captar para su movimiento comunista e infiltró en *Bohemia*. Pero la fracasada invasión de *Bahía de Cochinos* (15 al 19 de abril de 1961) convirtió en un problema político para John F. Kennedy el financiamiento de la impresión esa revista; razón por la cual pidió al presidente Rómulo Betancourt, con quien estaba en contacto por el programa *Alianza para el Progreso*, que Venezuela lo ayudara para que esa revista se imprimiese en este país. Betancourt llamó a Guruceaga y le pidió hacerse cargo de la impresión de *Bohemia Libre*, y le garantizó que el gobierno venezolano respondería de las obligaciones de Quevedo, porque la lucha contra el castrismo en el Caribe se consideraba un asunto de Estado.

Es de advertir que Guruceaga, aunque fue amigo personal de varios políticos de su época, y siempre fue un ardiente defensor de la libertad de prensa y de otros principios democráticos, nunca fue un político, jamás participó, que yo supiera, en acto político partidista o de proselitismo alguno, porque, en primer lugar, no tuvo esa vocación, y en segundo lugar, porque sus empresas no le dejaban tiempo para ello. Por tanto, cuando aceptó el pedido de Rómulo Betancourt lo hizo a título personal. Posiblemente Quevedo habría sido igualmente atendido, de haber acudido directamente ante don Juan, como lo hacían muchos autores y editores de diferentes tendencias políticas que contrataban con *Tipografía Vargas*, por la calidad de sus trabajos de impresión y por las facilidades que Guruceaga les daba.

A los fines de cumplir con ese y otros compromisos, don Juan realizó grandes inversiones en personal, máquinas y en bobinas de papel, para lo cual Tipografía Vargas obtuvo préstamos que le fueron otorgados por la Corporación Venezolana de Fomento y por algunos bancos. Esos préstamos eran garantizados por *Inmobiliaria Vargas*, una compañía de las sobrinas de don Juan. Las facturas que *Tipografía Vargas* emitía por la impresión semanal de casi 80.000 ejemplares de la revista *Bohemia Libre* eran pagadas parcialmente y con demora; por lo que con el paso de los años se fue acumulando una deuda y con la banca comercial, que llegó una cantidad que superaba en mucho el capital de *Tipografía Vargas*; y lo peor era que la Corporación y los bancos seguían cargando intereses a la imprenta, por los préstamos que les habían otorgado; y los cuales estaban garantizados con hipoteca de primer grado, por parte de *Inmobiliaria Vargas*, y/o con avales personales de don Juan.

Después de numerosas audiencias, la Corporación Venezolana de Fomento accedió a capitalizar solo una parte de sus acreencias, con lo cual don Juan perdió el 50% de *Tipografía Vargas*, y le otorgó un nuevo préstamo por tan solo Bs. 500.000 de la anterior escala monetaria a través de un banco, destinado a capital de trabajo; pero ese préstamo aparte de ser insuficiente para una empresa como *Tipografía Vargas*, nunca entró a las arcas de la empresa, porque el banco, en lugar de entregarlo a la Tipografía, como se había convenido, lo utilizó para cobrarse, mediante compensación, unos pagarés renovables que la compañía le adeudaba. De modo que don Juan se quedó sin la mitad de su empresa y sin dinero para seguir trabajando.

Pensó en ese momento que la canalización del pago del préstamo de la Corporación a través de ese banco, había podido ser intencional, porque uno de los directores de ese organismo y del señalado banco, era al mismo tiempo accionista de una empresa competidora de *Tipografía Vargas*. *No es lógico*, decía don Juan, *que la Corporación que es dueña de la mitad de esta empresa, no haya mandado a imprimir aquí ni un sobre, y que en cambio encargue millonarios trabajos a nuestros competidores*. Don Juan llamó en varias ocasiones a su amigo Raúl Leoni, quien era el nuevo presidente de la república, y me consta que Leoni lloró al conocer la situación de su amigo, pero nada pudo hacer porque la piedra de tranca estaba en la Corporación y aparentemente el poder de Leoni no llegaba hasta allí.

Mientras tanto, Miguel Ángel Quevedo había "arrendado" la marca *Bohemia* a una sociedad en Puerto Rico vinculada con el principal competidor de *Tipografía Vargas*. Viajé a Puerto Rico y obtuve información en los registros de allá, muy desordenados, por cierto. Lo peor es que esa relación la habían establecido meses antes, y don Juan, ignorando esa circunstancia, había seguido imprimiendo semanalmente *Bohemia Libre* en

Tipografía Vargas, de modo que en sus últimos meses la deuda de *Bohemia* creció mucho más.

Don Juan le reclamó a Quevedo, quien le dijo que no tuvo otro remedio que entregarse a otro grupo, porque era obvio que llegaría un momento en que *Tipografía Vargas* no podría seguirle imprimiendo la revista, pero que él, Quevedo, cuando pudiera, le pagaría la totalidad de la deuda.

Tipografía Vargas entonces demandó a Quevedo y, como este se había reservado la propiedad de la marca *Bohemia* al arrendar sus derechos a la nueva impresora, solicitó una medida preventiva sobre los derechos de propiedad que Quevedo conservaba sobre esa marca. El Juez acordó también una medida de secuestro sobre el "archivo fotográfico" de *Bohemia Libre*, que se encontraba en las oficinas de la revista, que funcionaban dentro de las instalaciones de la misma Tipografía; pero esa misma noche, llegaron varios camiones, rompieron los precintos de los archivos y se llevaron todo el material a la nueva editora contratada por Quevedo.

19.- Muerte de Quevedo

Quevedo había preparado todo para seguir publicando la revista *Bohemia Libre,* sin solución de continuidad, tan pronto como don Juan descubriera que su competidor se había apoderado de ella. A la semana siguiente de haberse impreso el último ejemplar de *Bohemia Libre* en la *Tipografía Vargas*, ya las empresas del otro grupo editor estaban distribuyendo la revista impresa en la nueva editorial, como si nada hubiese pasado. Lo más grave fue que don Juan financió sin saberlo varios meses de esa etapa de transición, pues la revista durante la misma había seguido saliendo, a costa de *Tipografía Vargas*, sin que la nueva empresa impresora tuviese que inyectar dinero alguno para ello. Esa desleal actitud de Quevedo hacia don Juan, un hombre que lo había ayudado durante años y de muy buena fe, para no decir generosamente, y que hasta le había solucionado muchos problemas personales, aumentó aún más la enorme cuenta que por la impresión de *Bohemia Libre* se había acumulado hasta el momento.

Don Juan se encontró entonces con que esa cuenta había que considerarla incobrable, "tirarla a pérdidas", porque Quevedo estaba arruinado, y el único bien que poseía, que era la revista *Bohemia Libre*, había caído en manos de uno de sus competidores. Pero si don Juan lo hacía, tenía que poner inmediatamente su empresa en liquidación, ya que esa cuenta sextuplicaba el capital social. *Tipografía Vargas* era un coloso que había sido concebido para competir en calidad y precios con las más grandes empresas de Latinoamérica, pero ese coloso comenzó a derrumbarse. Además, su socia forzosa, la Corporación Venezolana de Fomento, que antes, al capitalizar parte de sus acreencias se había apoderado del 50% de las acciones de *Tipografía Vargas*, en lugar de buscar soluciones y colaborar con él, se había convertido en un pesado lastre, quizás por temor al grupo que había asumido el control de la revista o por intereses creados (algunos directivos de la Corporación estaban vinculados a una competidora).

Como si fuera poco, gracias a Héctor Barrios Díaz, ahijado y fiel amigo de don Juan y muy honrado administrador de *Tipografía Vargas*, se descubrió que la competencia había infiltrado la gerencia y que la empresa estaba imprimiendo, por debajo de costos y con considerables pérdidas, como subcontratista de su competidora, libros que después esta facturaba con ganancias a sus clientes.

El 13 de mayo de 1968, Guruceaga escribe al presidente Leoni, una carta donde le expresa:

> *Me permito solicitar de nuevo su atención, ya que siempre he creído que verdaderamente quiere ayudarme, aunque no así los organismos oficiales. La Corporación Venezolana de Fomento no ha hecho más que cerrarme toda tentativa de arreglo. El Banco Industrial no ha querido avalarme unas órdenes de pago con las que hubiera podido disponer de algún capital para el trabajo. Los Ministerios no nos han dado trabajo...(/) Así han pasado dos años... (/) y hoy Tip. Vargas está perdida... No solamente tengo comprometido el negocio, sino todos mis bienes, hasta mi casa de habitación.*

El 13 de agosto de 1969 Quevedo, arruinado, presionado por sus numerosos acreedores (no por don Juan, quien siempre lo respetó, y que a pesar de lo que le había hecho, durante esa época llegó a hacerle varios préstamos a título personal para que sobreviviera; préstamos que Quevedo sí le pagó), se suicidó en una modesta residencia de Miami. Me consta que don Juan lamentó ese suicidio. Lo apreciaba, ya que al igual que él Quevedo había sido un editor que había dedicado su vida a sus publicaciones. Aún después de haberse ido de *Tipografía Vargas*, Quevedo pasaba de vez en cuando por la oficina de Guruceaga para saludarlo.

Quevedo dejó una conmovedora carta, fechada el día anterior (12/8/1969), dirigida a su amigo Ernesto Montaner, considerada por algunos su "testamento político", en la cual, entre otras cosas, señaló que todos, incluso Estados Unidos habían sido culpables del gobierno de Castro:

> *Todos fuimos culpables. Todos. Por acción u omisión. Viejos y jóvenes. Ricos y pobres. Blancos y negros. Honrados y Ladrones. Virtuosos y pecadores. Claro que nos faltaba la lección increíble y amarga: que los más "virtuosos" y los más "honrados", eran los pobres. Muero asqueado. Solo. Proscrito. Desterrado. Y traicionado y abandonado por amigos a quienes brindé generosamente mi apoyo moral y económico en días muy difíciles.*

20.- Una lluvia de demandas contra Tipografía Vargas

Desde la ida de Quevedo con su revista *Bohemia Libre*, los acreedores de *Tipografía Vargas* comenzaron a cerrarle todos los créditos, a exigirle el pago inmediato y total de todas las obligaciones, a demandarla, y a solicitar y practicar contra sus bienes medidas judiciales preventivas y ejecutivas. La noticia de la muerte de Quevedo colocó a *Tipografía Vargas* al borde de una inminente situación de cesación de pagos, en la antesala de una quiebra, pues fue una noticia de primera plana en todo el mundo.

Una proveedora extranjera de papel intentó una demanda de quiebra contra la empresa, basándose en unas letras de cambio que ni siquiera habían sido endosadas a la demandante. Otros acreedores lo presionaban para que les otorgara garantías personales o para que les traspasara en propiedad sus bienes o los de la *Inmobiliaria Vargas*; empresa que nunca fue de don Juan sino de sus sobrinas, pues fue constituida con bienes que fueron de María Guruceaga de Larralde, madre de ellas y que estas habían heredado. Un enjambre de abogados, algunos de muy buena fe; unos pocos de muy mala fe (hubo abogados que haciéndose pasar por jueces, le hicieron firmar leoninos compromisos de pago) y otros que ni siquiera eran en verdad abogados; y de alguaciles, también verdaderos y falsos, acosaban a don Juan, quien a todos atendía cordial y atentamente. En una oportunidad, en un mismo tribunal, tuvimos que contestar verbalmente cuatro demandas iguales, y don Juan pensaba que se trataba de una sola, porque los alguaciles le hacían creer que las cuatro boletas eran de un único juicio. Pero ni una queja, ni una palabra de odio o de rabia llegué a escuchar de él. Siguió siendo el amable amigo de siempre, y siguió ayudando a los trabajadores e indigentes que acudían a su oficina, como si todos esos problemas fuesen momentáneos.

Sus sobrinas se instalaron en la empresa, para ayudarlo y protegerlo. Siempre admiré a esas dos grandes damas, porque de no haber sido por ellas habrían sido terribles los últimos años de don Juan y él no merecía eso. Ellas crearon un escudo protector alrededor de él que en principio nadie debía traspasar sin una previa indagación, pero su tío, incapaz de negarse a atender a alguien, frecuentemente lo rompía.

La confianza de don Juan en mi persona llegó a tal extremo, que en una ocasión me llamó para pedirme que le dijera si podía tomarse unas medicinas. Interpreté entonces que quizás don Juan quien siempre había vivido rodeado de familiares médicos, entre ellos su fiel amigo y pariente Juan Ricardo Blanch, y el doctor Alberto Guinand Baldó, en ese breve momento se había confundido y creía que yo formaba parte de ese círculo de galenos. Pero ahora entiendo que mi interpretación no fue la correcta, ya que don Juan siempre conservó una gran lucidez. Simplemente, me dio el trato que él daba a sus familiares cercanos, a quienes por el grado de confianza a veces consultaba nimias cosas personales.

Recuerdo que un día recibí una llamada de don Juan: *¡Miguel Ángel, dile a estas niñitas que me dejen firmar el contrato de la Guía con Firmo Pesquera, si no lo hago, vamos a perder ese cliente!* Las "niñitas" eran sus sobrinas María Cristina y Alida Mercedes, que eran mayores que yo.

Para don Juan, ellas no habían crecido, aunque una era viuda y con 4 hijos, y la otra tenía casi la misma edad de su hermana. Desde luego les dije que con el señor Firmo Pesquera no habría problema alguno, pues fue un hombre muy correcto y verdadero amigo de don Juan.

Un honesto abogado, el doctor Guido Mejía, a quien siempre recuerdo con respeto y cariño, "me pidió permiso" para solicitar, en nombre de otra proveedora de papel, un "concurso de acreedores" contra don Juan, a los fines de que el juez congelara todos sus bienes. El *concurso* era una especie de quiebra civil. Mejía aclaró que lo haría solo para proteger los intereses de su representada frente a otros acreedores que estaban atacando los bienes de don Juan, con la idea de cobrar de primeros, pero que él haría todo lo posible, en cuanto la ética profesional se lo permitiera, para ayudar a don Juan, porque le constaba que durante varias décadas había sido uno de los mejores y más cumplidos clientes de su mandante. Para sorpresa de Mejía, don Juan le entregó inmediatamente un escrito redactado de su puño y letra, en el cual declaraba que no tenía intención alguna de que ninguno de sus acreedores resultase perjudicado por las obligaciones que personalmente había asumido, derivadas de las fianzas que había otorgado a favor de la *Tipografía Vargas* y de otras empresas del grupo, pero que consideraba justo que ninguno de sus acreedores resultara más favorecido que los otros; razón por la cual convenía expresamente en el concurso que solicitaba Mejía.

Dios protege a los inocentes y a quienes actúan de buena fe, e, increíblemente esas dos terribles demandas, la de la infundada quiebra y el concurso de acreedores, ayudaron a frenar el gran número de demandas y de decisiones contra *Tipografía Vargas*, la cual solo pudo continuar trabajando y a muy poca máquina, para pagar los sueldos de sus trabajadores, gracias a que en virtud de "un pacto de caballeros" profesional que celebramos con el doctor Mejía, cada vez que le hacíamos un pago a la cuenta de su cliente, él liberaba y nos entregaba, por un monto similar, una parte de las bobinas de papel que él había embargado judicialmente y que se encontraban en los depósitos que la Tipografía tenía cerca, en un galpón alquilado, ubicado en Santa Rosa.

21.- Don Juan vende a la Corporación todas sus acciones por un bolívar

En las malas es cuando se conoce a los grandes hombres. Yo no dormía, angustiado por los juicios, las citaciones, las contestaciones de demandas, los escritos de pruebas, las sentencias que recibíamos día a día. Mis amigos y socios, Miguel Senior y Carlos Irazábal Arreaza, y yo, y después también mi hermano Antonio, desde antes de graduarse de abogado, teníamos que revisar a diario los numerosos expedientes y acudir oportunamente a los actos. Pero allí fue donde don Juan de Guruceaga demostró su altura y grandeza de alma. No perdió jamás la calma; ni un gesto de reclamo, ni una palabra de reproche, ni siquiera cuando le fueron rematadas valiosas propiedades. Sus principales preocupaciones eran cumplir con todos sus acreedores y especialmente con sus trabajadores, y evitar que el desastre de *Bohemia* arrastrara también a la empresa de sus sobrinas; empresa que era garante hipotecaria de muchas de las obligaciones de *Tipografía Vargas*.

Quien pensara en ese momento que don Juan estaba derrotado, se equivocaba de plano. Demostró que esa gran cabeza estaba llena de neuronas y que tenía un gran dinamismo, aunque su cuerpo no lo ayudara mucho. Siempre dio la cara. Siempre atendió los teléfonos. No dejó de ir ni un solo día a sus oficinas, aunque sabía lo que le esperaba. Cuando no estaba en la empresa, buscando trabajos y encargándose personalmente, como lo hizo toda su vida, de la calidad de las impresiones, de las relaciones con sus trabajadores y del pago de la nómina, estaba en los tribunales, contestando demandas, absolviendo posiciones juradas; en las notarías, otorgando poderes, negociando y firmando arreglos y transacciones; o estaba haciendo antesala, en larguísimas y casi siempre infructuosas esperas para explicar a los presidentes, ministros, directores y demás funcionarios públicos, con la mayor humildad pero con una profunda seriedad y convicción, que *Tipografía Vargas* era mucho más que una compañía anónima, que era una gran maquinaria que desinteresadamente había creado y puesto al servicio de todos, que no solo era de él, sino de todos los venezolanos, y que si se perdía, saldría perjudicado el movimiento cultural y educativo del país.

Preocupado por la lentitud de las oficinas gubernamentales en dar respuesta a sus planteamientos ("las cosas de palacio andan despacio", dice un viejo refrán) y siempre con la vana esperanza de que su "socia", la Corporación Venezolana de Fomento pudiese asumir el control económico y financiero de la empresa, y salvarla, ofreció traspasar a esta todas sus acciones por el simbólico precio global de un bolívar, de modo que esa Corporación quedase constituida en única accionista y propietaria de *Tipografía Vargas*, y solo pidió a cambio que la nueva dueña liberase la hipoteca que en garantía de las obligaciones de la Tipografía, gravaba las propiedades de la Inmobiliaria de sus sobrinas.

A pesar de los grandes amigos que don Juan tuvo dentro de Acción Democrática, incluyendo tres presidentes de la república, y de la buena voluntad que sin duda alguna ellos tuvieron de solucionar los problemas de *Tipografía Vargas*, las negociaciones solo cristalizaron el 2 de octubre de 1970, durante el primer gobierno de Rafael Caldera (período 1969-1974), quien ordenó a la Corporación Venezolana de Fomento acelerar las gestiones para poner fin a ese retardo que tantos daños había causado a una empresa que fue orgullo del país. Ese acuerdo también se logró en parte, gracias al entonces recién nombrado consultor jurídico de la Corporación, el doctor Ángel Bernardo Viso, aunque los doctores Carlos Eduardo D'Empaire, Rodolfo Bello y David Gimón, también jugaron un papel importante durante los años previos a la transacción.

De esa época recuerdo otra anécdota: Habíamos ido don Juan y yo a entrevistarnos con Caldera en el Palacio de Miraflores. Un amigo de la Corporación me había facilitado una copia de una minuta del directorio en la cual se había adoptado una decisión radicalmente opuesta a las expresas instrucciones del presidente. Llevé esa copia a la reunión. Caldera fue muy amable con el editor y hasta bromeó sobre los nuevos bigotes blancos que lucía, pero don Juan estuvo casi todo el tiempo callado, porque le costaba mucho oír. Cuando el mandatario nos dijo que no entendía el motivo de la reunión, porque ya todo estaba solucionado, y que así se lo habían manifestado en la Corporación, le respondí que no era cierto, ya que el directorio de ese organismo acababa de decidir en una forma muy distinta a la ordenada por él. Sorprendido, Caldera me preguntó cómo me constaba eso, y yo saqué del sobre la copia de la minuta de la reunión y se la leí. Con evidente cara de disgusto, Caldera nos dijo: *En los próximos días los llamarán para firmar ¡Palabra!* Expliqué a don Juan lo que Caldera había dicho y ambos nos levantamos muy contentos para retirarnos, pero cuando nos despedíamos, Caldera me pidió el sobre donde yo llevaba la copia fotostática de la minuta y hubo una especie de forcejeo, porque yo no quería dejársela para no comprometer a quien me la había dado y porque el sobre aparte de estar muy rayado y arrugado, tenía unas notas que yo había escrito sobre él para que no se me olvidaran los puntos a tratar. Claro está que tuve que dejarle el sobre. Cortésmente, Caldera nos acompañó entonces hasta la puerta de su despacho para despedir a don Juan, a quien yo llevaba del brazo. Pero don Juan en lugar de avanzar hacia la puerta, se quedó parado en el mismo sitio. Y entonces, ignorando que Caldera estaba justo detrás de nosotros, en alta voz me dijo, anteponiendo, como solía hacerlo, mi nombre a sus palabras: Miguel Ángel ¡Te "cogió" el documento! Caldera se rio y me dijo que no me preocupara, que él no lo entregaría a nadie en la Corporación, que solo lo quería para obtener algunos datos. A los dos días, recibí varias llamadas "urgentes" de funcionarios de la Corporación, apurando a don Juan para que fuese a firmar "al día siguiente" los documentos que ellos mantuvieron engavetados durante interminables años. Los documentos contentivos del arreglo, se firmaron el 2 de octubre de 1970 en la Consultoría Jurídica de la Corporación.

22.- Don Juan se retira

Una condición del arreglo con la Corporación Venezolana de Fomento fue que don Juan renunciara a su cargo de Presidente de Tipografía Vargas. Fue una decisión muy dura para don

Juan, quien desde la fundación de la empresa, había asistido diaria y religiosamente a su trabajo; pero por primera vez en su vida, no tuvo que preocuparse por el pago de la nómina, ni recibir los acreedores de la compañía o atender las llamadas de estos.

Después del arreglo amistoso con la Corporación, don Juan, por supuesto, se despidió definitivamente de la *Tipografía Vargas*, pues hubo una asamblea de accionistas en la que la Corporación designó una nueva directiva.

La Corporación no pudo o no quiso salvar a *Tipografía Vargas*. Para ello, le habría bastado imprimir en los talleres de la empresa, ahora totalmente suya, algunos de los libros, folletos y revistas que la misma Corporación imprimía en otras empresas o en sus propias máquinas. En lugar de eso, la mantuvo paralizada (parte de las instalaciones fueron arrendadas al Metro de Caracas, que estaba construyendo una entrada a la estación de Parque Carabobo en el lugar donde estuvo el viejo edificio Sur).

Después de un tiempo, Lorenzo José Bustillos Tellería y yo casualmente pasábamos por la avenida *Universidad* cuando notamos que se encontraba abierto el portón del inmueble, que había estado varios meses cerrado y se percibía cierta actividad en el interior del mismo. Quise mostrar a Lorenzo lo grande que había sido esa empresa y solicité permiso para entrar, el cual me fue inmediatamente concedido por los vigilantes, porque allí todos me conocían. Un ambiente desolador imperaba en todo el recinto. Me conmovió ver que habían desmantelado las enormes máquinas. Al fondo oímos ruidos de trabajadores, y Lorenzo y yo fuimos a ver qué estaban haciendo. Grande fue mi dolor y sorpresa cuando vi que en lo alto, en la pared de la biblioteca de la Tipografía, habían abierto un boquete y que desde esa altura, de varios metros, arrojaban a un camión, estacionado abajo, los libros y revistas impresos desde 1925 que tanto cuidó y amó don Juan. En la parte de atrás del camión, junto con pedazos de ladrillos y otros desechos de las demoliciones, yacían los restos de los primeros ejemplares, firmados por sus respectivos autores, de los libros que habían hecho historia en Venezuela. Llamamos a la Corporación, a la Biblioteca Nacional, a algunos diarios, pero nada se pudo hacer.

23.- Sus últimos años

Don Juan trató entonces de dedicarse de nuevo a la edición de revistas, y después de muchos esfuerzos y gestiones logró que el Gobierno le restituyera la propiedad de la marca *Kena*, con la cual él había editado durante muchos años la revista del mismo nombre. La señora Peraza y su fiel equipo de redactores y editores, le ofrecieron su ayuda, pero don Juan ya no tenía dónde imprimirla, había perdido su imprenta. Terminó cediendo esa revista, a cambio de unas utilidades que jamás se generaron (porque de allí en adelante esa revista solo dio pérdidas) a un grupo de jóvenes publicistas, encabezados por John de Souza, que, después de haber hecho algunas inversiones, se vio obligado a venderla, también por un precio irrisorio, a otro grupo editorial. Sus sobrinas se alegraron de que don Juan no hubiese seguido con esa revista, porque temían que empezara de nuevo a crear otro complejo como el de Tipografía Vargas. Por esa época, don Juan me pidió que me encargara de su defensa en el juicio de divorcio que Gertrudis Gornés había entablado en su contra. Ese juicio había sido llevado por un conocido abogado, Enrique Bustamante Luciani, quien por haberse dedicado a asuntos políticos, le pidió que designara a otro abogado. Como era un juicio muy intenso (los abogados de la contraparte eran del conocido Escritorio Morales Bello), le pedí incluir en el poder a mi amigo Vicente José Villavicencio Mendoza, un magnífico y honesto abogado, de mi más absoluta confianza. Vicente y yo conversamos y decidimos que no tenía sentido que don Juan se siguiera estresando por ese juicio y que lo mejor era llegar a una separación amigable de cuerpos y de bienes. Hablé con don Juan temeroso de que ese tema resultase demasiado sensible o doloroso para él; pero recibí una respuesta que no esperaba: *¡Claro, Miguel Ángel, eso es lo mismo que yo he pensado durante todos estos años, yo no soy un hombre de odios ni rencores!* Vicente contactó entonces al doctor Augusto Matheus Pinto, quien se portó con caballerosidad y altura profesional en las conversaciones que sostuvimos, y en las actuaciones subsiguientes. El día de la firma, don Juan, Vicente y yo llegamos muy temprano al Tribunal y nos sentamos a esperar a la señora Gertrudis y a su abogado en la mesa donde se leían los expedientes, junto a otras personas. El doctor Matheus tardó en llegar, porque tenía otro acto. Cuando por fin el doctor Matheus, llegó le preguntamos: *¿Ya la señora Gertrudis está en camino?* A lo que el abogado, extrañado, nos contestó: *¿Ustedes no la conocen? Allí está.* ¡Era la señora que estaba justo al lado de don Juan! Este, sorprendido la miró y le dijo, *Gertrudis, ¿eres tú? Perdona, no te reconocí!* Galantemente le dio la mano para que se levantara de la silla y juntos, del brazo, como si en lugar de divorciarse fueran a casarse, y no hubiese habido problema alguno entre ellos, fueron ante el juez y firmaron el documento de separación que después se convertiría en divorcio. Ese día don Juan, a la salida del Tribunal y con los ojos húmedos por la emoción, nos agradeció haberle quitado ese problema. A los pocos días recibí una carta de la señora Gertrudis en la que también nos agradecía a Vicente y a mí el haber contribuido a solucionar de tan cordial manera ese largo conflicto conyugal.

Para que no se quedara solo en la quinta *La Chata,* en la urbanización La Florida, que empezaba a convertirse en una zona roja, las hermanas Larralde Guruceaga lo invitaron a mudarse con ellas, a la quinta *Miracampo,* en La Castellana. Don Juan aceptó, y entonces recordé que años atrás, en 1966, cuando sus acreedores lo amenazaban con embargarle esa casa, él me había pedido que le garantizara, como abogado, que de la misma él solo saldría "con los pies para adelante": lo cual le garanticé, a pesar de que sabía que ningún abogado podía prometer eso, porque yo, dentro de lo que las leyes y la decencia me permitían, estaba dispuesto a defenderlo profesionalmente, como siempre lo hice. Pero al mudarse a la quinta *Miracampo*, don Juan estaba procediendo de propia voluntad, y salió de *La Chata* vivo y caminando.

Esa fue la época en que don Juan por primera vez empezó a vivir para sí mismo, recogido en un tranquilo ambiente familiar, rodeado del amor de sus sobrinas y de sus sobrinos-nietos. En vida recibió numerosos reconocimientos: como el de la Escuela de Periodismo de la Universidad Católica Andrés Bello; el de la Asociación Pro-Venezuela; el de la Cruz Roja Venezolana, que le otorgó la condecoración *Auguste Pineaud*; el de los Industriales de las artes gráficas, que lo nombraron presidente vitalicio en 1965; la orden "Andrés Bello", en tercera clase; el Botón Cuatricentenario de la ciudad de Caracas, la medalla de oro de la Cámara de industriales de las artes gráficas, en 1974; y muchas otras distinciones y actos públicos de reconocimiento, en exposiciones y ferias de libros, etc. Pero probablemente el homenaje más significativo, el que más le habría gustado ver en vida, además de las Bienales de las artes gráficas que llevan el nombre Juan de Guruceaga, promovidas por el *Museo de la Estampa y del Diseño Carlos Cruz Diez*, sería la creación, en 1975, en Caracas, de un liceo público que lleva su nombre, y que en su portal electrónico contiene una proclama que refleja fielmente el espíritu, la visión y los valores que don Juan luchó para infundir a los jóvenes de nuestro país:

> *El liceo "Juan de Guruceaga", centro educativo de excelencia, tiene como propósito fundamental capacitar a nuestros estudiantes en el dominio de los procesos de aprendizaje, desarrollando un individuo capaz de realizarse como hombre sano, culto, crítico y apto para convivir en una sociedad democrática participativa; a través del desarrollo de los planes, programas de estudio y proyectos.*

Juan de Guruceaga perdió sus empresas, pero su obra quedó y aquellos libros "llenos de tinta" que recién nacidos sostuvieron sus "entintadas manos", en su mayoría escritos por jóvenes y desconocidos autores, hoy famosos exponentes de nuestra cultura, como si todavía estuviesen en su portentosa *Albertina*, siguen multiplicándose en Venezuela y en todo el mundo, en las mentes de sus lectores.

Difícilmente otro editor venezolano podrá superar el gigantesco impulso que ese hombre sencillo, de apariencia inofensiva, dio a la educación, al arte, a la cultura en general y a la democracia en Venezuela.

No fracasó. Quienes no tuvieron el honor de conocerlo, de hablar personalmente con él, quizás pensarán que fue un ingenuo, pero don Juan utilizando su gran cabeza, voluntaria, intencionalmente, construyó sus empresas, no para que le generaran dividendos económicos a él, sino para que produjeran dividendos culturales a todos los venezolanos, sin distinción, y, sin duda alguna, lo logró. Por ello no solo fue "El pionero de las artes gráficas" sino también "el precursor de la filantropía, de la responsabilidad social empresaria en Venezuela".

24 - Su fallecimiento

A finales de octubre de 1974, las sobrinas de don Juan me llamaron para notificarme que él había sufrido un infarto, que se encontraba muy grave en la unidad de terapia intensiva del Centro Médico de Caracas, y que deseaba verme. Cuando ingresé a la unidad, con bata y máscara, encontré a don Juan en su cama, rezando, con su primo, monseñor Francisco de Guruceaga Iturriza, quien cariñosamente le sostenía la mano. Acaba de recibir la unción de los enfermos. Me acerqué y me reconoció, una amplia sonrisa iluminó su rostro: *¡Pero si es Miguel Ángel!* exclamó, y de seguidas me dijo: *¡Lo que tuve fue un infarto, en tus manos encomiendo mi espíritu.* Muy triste y turbado por esas palabras, solo atiné a responderle, torpemente: *Don Juan, deje que monseñor Guruceaga se encargue de su espíritu, yo solo soy un simple abogado. Yo me encargo de sus negocios terrenales.* Pero, don Juan -y me extrañó que hubiese oído tan claramente mis palabras, porque su poca audición muchas veces le impedía oír lo que uno le decía desde lejos y en baja voz- me respondió con voz clara y fuerte: *-No, Miguel Ángel, te en-*

comiendo mi espíritu y mis negocios. Apenado, miré al monseñor, quien me sonrió comprensivo.

Allí permaneció muchos días y fui varias veces al hospital, pero no pude hablar de nuevo con él, por la gravedad de su estado. Un día muy temprano recibí otra llamada de María Cristina: su tío había tenido otros infartos y estaba muy grave. A las 8 de la mañana de ese día, es decir, del 31 de octubre de 1974, a los 80 años de edad, en paz con Dios y con los hombres, don Juan de Guruceaga falleció en el Centro Médico de la urbanización San Bernardino de Caracas, sin dejar descendencia.

Fue enterrado en el Cementerio General del Sur, en el panteón de la familia Guruceaga, que él mismo había mandado a construir y para el cual Francisco Narváez, en 1936, esculpió un altorrelieve en piedra artificial; digno mausoleo para un hombre que siempre amó el arte.

En el Cielo los ángeles deben estar quejándose de un fuerte olor a tabaco.

Otras obras del autor publicadas en Amazon.com

Cuentos

"El postre de Dios"

"Amor guarimbero"

"Cuando Bolívar entrevistó a Chungapoma"

"La serpiente de plata"

"7 cuentos fugaces"

"El misterio de la calle 14"

"La princesa"

"Historia de dos cuadros"

"La cruz y el alcalde"

"El mejor economista"

Novela

"Amarte en Marte"